Charles Berlitz, 1913 in New York geboren, ist ein Enkel des Begründers der Berlitz School of Languages, der 1872 aus Württemberg in die USA auswanderte. Charles Berlitz selbst spricht mehr als 25 Sprachen. Er studierte Geschichte und Sprachwissenschaften an der Yale University und promovierte dort 1936. Lange Zeit war er in leitenden Stellungen an verschiedenen Berlitz-Schulen und als Verleger von Sprachführern tätig, bevor er sich 1967 vom Familienunternehmen zurückzog und freier Schriftsteller wurde. Seit vielen Jahren beschäftigte er sich mit dem Rätsel Atlantis, Unterwasser-Archäologie, Weltraumforschung und dem Phänomen Unbekannter Flugobjekte. Als passionierter Taucher hat er Expeditionen in das Gebiet des »Bermuda-Dreiecks« unternommen, wo er die Landmassen des versunkenen Atlantis vermutete und bei seinen Erkundungen mit faszinierenden Phänomenen konfrontiert wurde. Für seine fesselnden und aufsehenerrregenden Berichte erhielt er 1976 den Prix International Dag Hammarskjoeld.

W0048079

Von Charles Berlitz sind außerdem erschienen:

Das Bermuda-Dreieck (Band 3500)
Das Atlantis-Rätsel (Band 3561)
Spurlos (Band 3614)
Das Philadelphia-Experiment (Band 3679)
Weltuntergang 1999 (Band 3703)
Die wunderbare Welt der Sprachen (Band 3747)
Die ungelösten Geheimnisse dieser Welt (Band 3760)
Der 8. Kontinent (Band 3807)
Die Suche nach der Arche Noah (Band 3891)
Die größten Rätsel und Geheimnisse unserer Welt (Band 3955)
Unglaublich! (Band 3957)
Die Welt des Unbegreiflichen (Band 4024)

Dieses Buch wurde auf chlor- und säurefreiem Papier gedruckt

Vollständige Taschenbuchausgabe Oktober 1992
Droemersche Verlagsanstalt Th. Knaur Nachf., München
© 1990 Droemersche Verlagsanstalt Th. Knaur Nachf., München
© 1989 Charles Berlitz
Titel der Originalausgabe: »The Dragons Triangle«
Umschlaggestaltung: Manfred Waller
Umschlagfoto: The Image Bank, München
Filmbelichtung: Fa. Appl, Wemding
Druck und Bindearbeiten: Ebner Ulm
Printed in Germany
ISBN 3-426-26476-5
2 4 5 3 1

CHARLES
BERLITZ
DAS
DRACHEN-DREIECK

Aus dem Amerikanischen von
Dr. Siegfried Schmitz

Dieses Buch ist der Entschleierung der
Geheimnisse gewidmet, die den Ozean und
den Himmel in einem Seegebiet vor der
Küste Japans umgeben, genannt das
»Teufelsmeer« oder »Drachendreieck«.

Inhalt

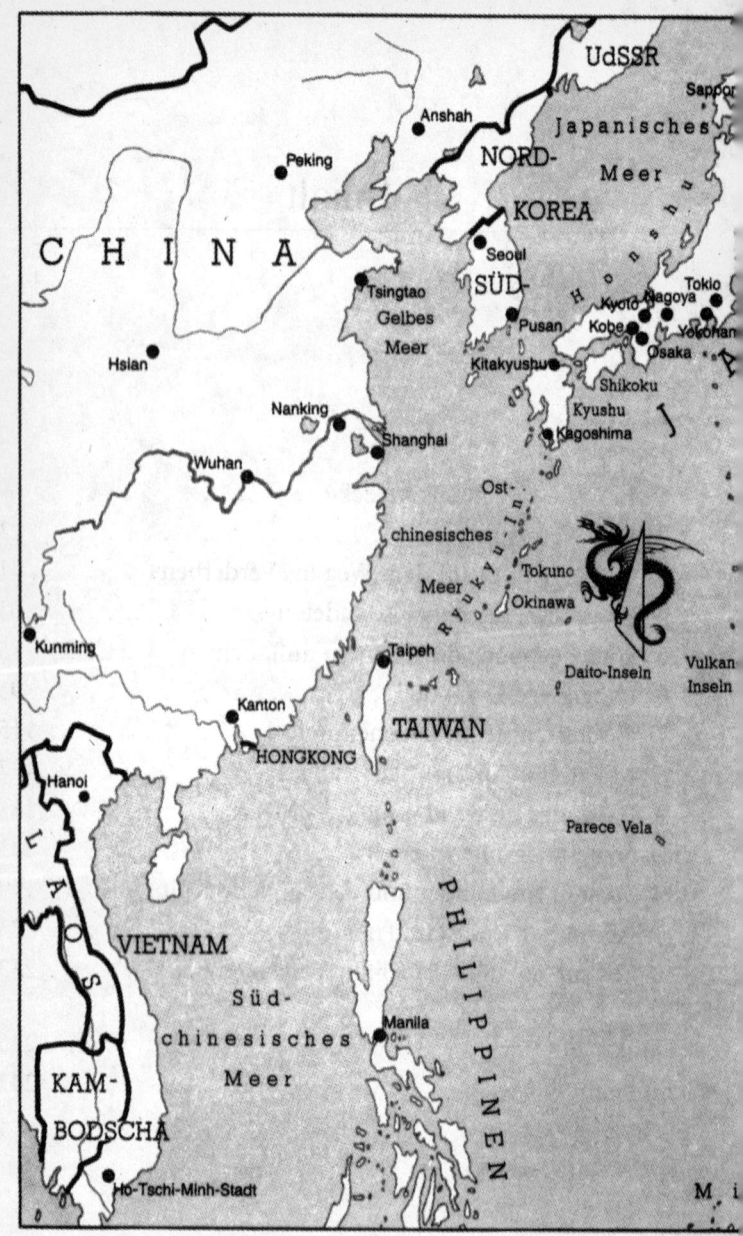

A N

R

Kure
MIDWAY

Ogasawara-
Inseln

Markus Inseln

P a z i f i s c h e r

Mang-Inseln

WAKE

Sarigan

NÖRDL. MARIANEN   O z e a n

Saipan

Taongi

GUAM

Bikini Atoll

kronesien

MARSHALL
INSELN

Vielleicht werden uns dereinst die Fluten in die Tiefe reißen.
Tennyson, Ulysses

Hier sind Drachen.

Aus einer mittelalterlichen Seekarte

1

Ein neues »Unheilsdreieck«

Auf der anderen Seite des Globus, dem Bermudadreieck gegenüber, erstreckt sich ein Meeresgebiet mit einer verblüffend ähnlichen Bilanz von verschollenen Schiffen und Flugzeugen. Die Japaner kennen diese gefährliche Region schon seit 1000 Jahren. Sie haben ihr den Namen Ma-no Umi gegeben: Drachenmeer. Seit Jahrhunderten führen Seeleute das geheimnisvolle Verschwinden von Fischerbooten auf Meeresdämonen zurück, ruhelose Drachen, die zur Wasseroberfläche aufsteigen, um die Boote zu packen und mitsamt der Besatzung in ihre unterseeischen Verstecke zu schleppen.

Es ist kein Zufall, daß das Bermudadreieck zuweilen als Teufelsdreieck bezeichnet wird, denn wenn sich unheilvolle Vorkommnisse nicht logisch erklären lassen, ist es stets am einfachsten, dem Teufel oder anderen übernatürlichen bösen Mächten die Schuld zu geben.

Was das Bermudadreieck angeht, so hat man das plötzliche und unerklärliche Verschwinden von Schiffen und Flugzeugen vielfach elektromagnetischen Anomalien, mysteriösen Wetterbedingungen und sogar UFOs auf Erkundungsflügen angelastet, die die unseligen Fahrzeuge entweder in den Weltraum entführt oder mit Hilfe extraterrestrischer Energiequellen zersetzt und versenkt haben sollen.

In den letzten fünfzehn Jahren hat das Bermudadreieck als Ort rätselhafter Schrecknisse in der ganzen Welt eine traurige Berühmtheit erlangt. Zahlreiche Bücher und noch mehr Zeitschriften- und Zeitungsartikel befassen sich mit den im Bermudadreieck verschollenen Segelschiffen und Flugzeugen sowie mit den anderen merkwürdigen Phänomenen, die mit dieser Region des Atlántiks in Verbindung stehen.

Das Bermudadreieck und das Ma-no Umi, das Drachenmeer oder Drachendreieck, haben viele durchaus glaubwürdige, aber deshalb nicht minder gefährliche Besonderheiten gemein. Die Dreiecke stellen die beiden Weltgegenden dar, in denen am häufigsten Kompaßmißweisungen, gestörte oder versagende Funkverbindungen, unberechenbare Riesenwellen, Seebeben, Minikane (heftige, begrenzte Hurrikane), gewaltige Strudel und plötzlich auftauchende Nebelbänke vorkommen.

Vor allem aber sind beide Meeresgebiete berüchtigt dafür, daß in ihnen immer wieder Schiffe und Flugzeuge verschwinden, zusammen mit ihren Besatzungen und Passagieren, ohne daß identifizierbares Treibgut zurückbleibt, das Rückschlüsse auf die Ursache ihres Verschwindens zuließe.

Weit wichtiger als die materiellen Verluste ist der Tod – falls sie denn wirklich gestorben sind – von Tausenden von Menschen: Seeleute auf Kriegs- und Handelsschiffen, Flugzeugbesatzungen, Passagiere und Fischer. Und im Drachendreieck müssen überdies noch zahlreiche Meereswissenschaftler auf die Verlustliste gesetzt werden. Während diese Forscher die Ursachen für die vielen rätselhaften Katastrophen im Drachendreieck zu ergründen suchten, sind sie selbst mitsamt ihren Forschungsschiffen untergegangen.

Es ist sicherlich kein Zufall, daß ein bestimmter Wellentyp, der in den Gewässern des Drachendreiecks auftritt, im Japanischen s*ankaku-nami*, »Dreieckswelle«, genannt wird, was besagt, daß diese Wellen von drei Seiten gleichzeitig auf ein Schiff zuzulaufen scheinen.

Wie das Bermudadreieck hat auch das Drachendreieck im Westpazifik eine dreieckige Grundform. Seine Grenze beschreibt zunächst eine Linie von Ostjapan, nördlich von Tokio, bis zu einem Punkt im Pazifik, der ungefähr auf dem 145. östlichen Längengrad liegt. Von dort verläuft sie über die Ogasawara Shoto (Bonininseln) bis hinunter nach Guam und Yap, dann nach Westen bis Taiwan und schließlich in nordnordöstlicher Richtung zurück nach Japan, unweit des Meßpunktes Nojima Zaki in der Bucht von Tokio. Das Bermudadreieck erstreckt sich ungefähr von der Floridastraße nordnordöstlich bis zu den Bermudas, dann südwärts bis zu den Kleinen Antillen und wieder bis Florida.

Diese beiden Dreiecke weisen auffällige Gemeinsamkeiten auf, wenn man sie sich auf einem Globus anschaut. Sie liegen einander auf der Erdkugel genau gegenüber. Durch beide läuft im Westen bzw. im Osten der 35. Breitengrad. Und wenn wir die Ostgrenze des Bermudadreiecks nach Norden verlängern und über den Nordpol führen, dann stellen wir fest, daß sie auf der anderen Seite das Drachendreieck durchquert. Mit anderen Worten: Die beiden Dreiecke haben, was ihre Breiten- und Längengrade angeht, eine entgegengesetzte Position auf der Erdkruste. Doch es gibt noch mehr Übereinstimmungen.

Beide Gebiete liegen am Ostrand von Festlandsmassen, im Bereich des Tiefseeabfalls, wo über Regionen mit aktiven Vulkanen starke Strömungen vorherrschen. Der teils relativ flache Meeresboden sinkt hier zu den tiefsten Ozeangräben ab.

Im Bermudadreieck bildet der Tiefseegraben, der sich im Norden von Puerto Rico nach Westen in die Karibik erstreckt, die tiefste Stelle im Atlantik. Was das Drachendreieck angeht, so liegt die gesamte Ostküste Japans in der Nähe von riesigen Schluchten im Meeresboden – Ogasawaratiefe und Ryukyu-, Marianen- und Philippinengraben. 1960 erreichte das amerikanische Tauchschiff *Trieste* im Marianengraben eine Tiefe von 10 916 Metern. Wenn sich der 8848 Meter hohe Mount Everest aus einer solchen Tiefe erhöbe, würde sich sein Gipfel noch immer zwei Kilometer unter dem Meeresspiegel befinden!

In beiden Fällen ist es durchaus möglich, daß man in den Tiefen dieser ozeanischen »schwarzen Löcher« bisher unbekannte Lebewesen und ungeahnte Kräfte entdecken wird.

Eine weitere Komponente, die beiden Dreiecken gemeinsam ist, sind die agonischen Linien oder Agonen (abgeleitet von einem griechischen Wort, das »keine Ecken« bedeutet). Diese unsichtbaren Linien bezeichnen eine meßbare Eigentümlichkeit des Magnetfelds der Erde. Die beiden magnetischen Pole im Norden und Süden decken sich nicht mit dem geographischen Nord- und Südpol. Deshalb fallen die Feldlinien zwischen den Magnetpolen nicht genau mit den Meridianen zusammen. Die Verbindungen zwischen den beiden Poltypen stimmen nur insofern überein, als sie generell in Nord-Süd-Richtung verlaufen.

Die Meridiane sind auf allen Karten eingezeichnet; sie liegen fest und werden in Grade eingeteilt. Die Agonen hingegen zeigen einen unregelmäßigen Verlauf und wandern zuweilen. An bestimmten Stellen der Erdoberfläche decken sie sich mit den Meridianen, und nur dort zeigt die Kompaßnadel genau nach Norden, während sich sonst eine isogonische Mißweisung ergibt, die bis zu 20 Grad vom Meridian abweichen kann. Diese Gegebenheiten können gelegentlich zu Kompaßmißweisungen führen – mit verhängnisvollen Folgen.

Die Hauptagone der westlichen Hemisphäre verläuft durch das Bermudadreieck, die der Osthalbkugel durch das Drachendreieck. In beiden Dreiecken hat der – möglicherweise verstärkte – Erdmagnetismus des öfteren das Kompaßverhalten beeinflußt und dadurch bewirkt, daß Schiffe und Flugzeuge die Orientierung verloren. Da unsere Kenntnisse über das Erdinnere noch immer weitgehend theoretisch sind, könnte es sein, daß sich zwischen diesen beiden diametral entgegengesetzten Dreiecken ein mächtiges elektromagnetisches Feld befindet und innerhalb des riesigen kosmischen Dynamos, den unser Planet darstellt, seine Wirkung entfaltet. In seinem Buch *The Encyclopedia of the Unknown* erklärt Colin Wilson das rätselhafte Verschwinden von Schiffen und Flugzeugen mit dem Erdmagnetismus. Obwohl Zugvögel schon seit unvordenklichen Zeiten die Feldlinien als Navigationsmittel auf ihren Wanderungen benutzen, hat man schon beobachtet, daß Vogelschwärme auf unerklärliche Weise vom Weg abgekommen sind, was möglicherweise auf eine Anomalie im Magnetfeld der Erde zurückzuführen ist.

Im Jahre 1930 warnte der *Marine Observer* vor einer magnetischen Störung im Bereich des Tambora-Vulkans unweit der indonesischen Insel Sumbawa, die eine Abweichung der Kompaßnadel um 6 Grad zur Folge haben könnte. Kapitän Stutt auf der *Australia* registrierte eine ähnliche Anomalie; sie war so kräftig, daß sein Schiffskompaß um 12 Grad abgelenkt wurde!

Wilson stellt überdies eine Beziehung her zwischen den Schwankungen im Erdmagnetfeld und dem Zusammenprall der großen tektonischen Platten, aus denen sich die Erdkruste zusammensetzt. Er fährt dann fort:

»Die Wissenschaftler können nicht mit Sicherheit sagen, warum die Erde ein Magnetfeld besitzt, doch einer Theorie zufolge beruht es auf den Bewegungen im schmelzflüssigen Erdkern. Solche Bewegungen würden in der Tat Verschiebungen im Magnetfeld sowie Ausbrüche magnetischer Aktivität bewirken, vergleichbar mit den Ausbrüchen von Sonnenenergie, die wir als Sonnenflecken bezeichnen. Falls sie mit

Erdspannungen und folglich mit Erdbeben in Verbindung stehen, können wir davon ausgehen, daß sie, genauso wie Erdbeben, in bestimmten, engumschriebenen Zonen stattfinden. Welche Auswirkungen würde ein plötzliches ›Erdbeben‹ der magnetischen Aktivität haben? Eine Folge bestünde darin, daß Kompaßnadeln rotieren würden, denn es wäre ungefähr so, als stiege ein riesiger magnetischer Meteor aus dem Zentrum der Erde empor. Auf den Meeren würde er eine heftige Turbulenz erzeugen, denn er würde das Wasser auf die gleiche Weise beeinflussen, wie der Mond die Gezeiten beeinflußt, allerdings in einer so irregulären Form, daß der Eindruck entstünde, die Wassermassen kämen ›von allen Seiten‹.«

Die Beschreibung des Effekts, den eine solche Anomalie auf das Wasser hätte, ähnelt sehr stark der des *sankaku-nami* – jener gefürchteten »Dreieckswelle«, die im Drachendreieck auftritt. Vielleicht haben jene, die dieses grausige Naturschauspiel überlebten und darüber berichteten, lediglich eine schwache Machtdemonstration der magnetischen Anomalien zu spüren bekommen. Und wenn man von tektonischen Ursachen solcher Anomalien ausgeht, sollte man darauf hinweisen, daß das Drachenmeer und seine Umgebung zu den tektonisch aktivsten Regionen der Erde gehören.

Das Bermudadreieck erregte erstmals öffentliche Aufmerksamkeit am 5. Dezember 1945, als zwischen der Ostküste Floridas und den Bahamas auf einen Schlag fünf Torpedobomber von Typ Aztec Avenger verschwanden, und dann verschwand auch noch ein Martin-Mariner-Suchflugzeug.

An der Suche nach dieser »verschollenen Patrouille« beteiligten sich Hunderte von Flugzeugen und Schiffen, doch kein Wrack und keinerlei Hinweise auf das Schicksal der Männer und ihrer Maschinen wurden jemals entdeckt. Aus den letzten Funksprüchen der »verschollenen Patrouille« geht hervor, daß sie Inseln überflog, die in ihren Karten nicht eingezeichnet waren und die es dort »eigentlich nicht geben dürfte«. Aufgrund der nachfolgenden Vorkommnisse im Bermudadreieck hat man die Vermutung geäußert, die Flugzeuge seien in eine frühere Zeit zurückversetzt worden, als der Küste Floridas noch mehr und andersartige Inseln vorgelagert waren. Der ungeklärte Fall ruht in den Marinearchiven, doch das öffentliche Interesse am Schicksal der Aztec Avengers flammt jedesmal wieder auf, wenn Trümmer dieses Flugzeugtyps auf dem Meeresgrund oder in den Everglades von Florida auftauchen. In jedem Fall hat man vergeblich versucht, die Motornummer des Flugzeugwracks mit jenen der seit 1945 verschollenen Maschinen zu vergleichen. Was ihnen zugestoßen ist und wohin sie verschwunden sind, zusammen mit Hunderten von weiteren großen und kleinen Flugzeugen und Schiffen, die seit damals überfällig sind, bleibt nach wie vor ein Rätsel.

Die merkwürdigen und mysteriösen Zwischenfälle innerhalb des Drachendreiecks sind in Japan und auf den benachbarten Inseln schon seit sehr viel längerer Zeit bekannt als die Vorgänge im Bermudadreieck. Von verschwundenen Schiffen weiß man hier seit mehr als 1000 Jahren zu berichten (manche Forscher sprechen gar von 3000 Jahren). Alte Quellen bezeugen, daß in diesem geheimnisvollen Seegebiet seit den Tagen der Sung- und der Yüan-Dynastie in China und der japanischen Shogunate des Mittelalters immer wieder Schiffe ins Verderben gerissen wurden.

Chinesische Legenden aus der Zeit um 900 v. Chr. erzählen vom »Unterwasserpalast« eines Drachens, der unterhalb einer kleinen Insel lag, fünf oder sechs Segelschiff-Tagesreisen von Suzhou in der Provinz Kiangsu (Jiangsu) entfernt. Selbst an windstillen Tagen sei die See in dieser Gegend so rauh gewesen, daß Schiffe sich ihr nicht gefahrlos zu nähern vermochten. Wer sich dennoch in die Nähe gewagt habe, vernahm merkwürdige Geräusche – und in der Nacht hätten seltsame Lichter, die Hunderte von Meilen weit zu sehen gewesen seien, den Wasserspiegel erhellt.

Heute, fast drei Jahrtausende später, sind Schiffe von mehr als 200 000 Tonnen, die Öl, Kohle oder anderes Schwergut geladen hatten, in diesem Gebiet spurlos verschwunden, und kein überlebendes Besatzungsmitglied, kein identifizierbares Wrack und kein Treibgut verrät uns, was dort geschehen ist. Vielleicht geht es hier doch um mehr als um alte Seemannsgeschichten.

Das Interesse der Marine und der Wissenschaft wurde in Japan erstmals geweckt, als man registrierte, daß nach 1945 innerhalb weniger Jahre zahlreiche Patrouillenboote und Fischereifahrzeuge mit vergleichsweise geringer Tonnage, bis zu 190 Tonnen, vor der japanischen Ostküste untergegangen waren. Die Menschenverluste, noch vergrößert durch die mutmaßlich ertrunkenen Besatzungen größerer Schiffe, die regelmäßig verschwanden, veranlaßten das japanische Schiffahrtsamt bereits 1950, die Gewässer der Izu- und Ogasawarainseln offiziell zu einer Gefahrenzone zu erklären.

Im Falle des Bermudadreiecks hat der Siebte Küstenwachbezirk, der für das Rettungswesen in diesem Bereich zuständig ist, inzwischen Tausende von Briefen erhalten, in denen die Besitzer von kleineren Seefahrzeugen anfragen, ob das Bermudadreieck tatsächlich ein gefährliches Gebiet sei. Die Küstenwache antwortete darauf mit einem Schemabrief:

»Mysteriös, mystisch, übernatürlich … sehr unwahrscheinlich! Dieses Gebiet, das sich nach gängiger Auffassung zwischen den Bermudas, Florida und Puerto Rico erstreckt, weist zwar eine Verlustrate auf, die man als hoch bezeichnen könnte, aber Sie müssen dabei auch das Luft- und Seeverkehrsaufkommen in dieser Region berücksichtigen. Tausende von Schiffen, kleineren Booten, Linien- und Privatflugzeugen überqueren die Gewässer vor der

Ostküste Floridas. Die Mehrzahl der Unfälle in dieser Zone lassen sich auf deren ungewöhnliche Umweltverhältnisse zurückführen...

Es gibt möglicherweise eine gewisse Berechtigung, von sogenannten mysteriösen Unglücksfällen in der Region zu sprechen, doch die Küstenwache läßt sich nicht beeindrucken von Erklärungen, die sich auf übernatürliche Vorgänge berufen...«

Mit anderen Worten: Die Küstenwache leugnet zwar beharrlich, daß so etwas wie das Bermudadreieck existiert, gibt aber gleichzeitig den Verlauf seiner Grenzen an (offensichtlich deshalb, damit die Skipper wissen, wann sie sich in dem Dreieck befinden, falls es dennoch existieren sollte). Diese amtliche Auffassung wird allerdings nicht geteilt von den Männern der Küstenwache, die innerhalb der Grenzen des Dreiecks auch weiterhin ungewöhnliche und irritierende Dinge erleben.

Bemerkenswert ist indes, daß im Brief der Küstenwache noch ein anderes »Unglücksgebiet« erwähnt wird:

»Eine Region, die von japanischen und philippinischen Seeleuten das ›Teufelsmeer‹ genannt wird und vor der Ostküste Japans liegt, weist die gleichen magnetischen Besonderheiten auf. Wie das ›Bermudadreieck‹ ist sie bekannt dafür, daß hier Schiffe auf mysteriöse Weise verschwinden.«

Daß in vielbefahrenen Gewässern, unmittelbar vor der Haustür jener beiden Länder, die in Elektronik, Computertechnik und Hochtechnologie führend sind, immer wieder Schiffe und Flugzeuge verschwinden, muß in der Tat als mysteriös bezeichnet werden.

Es fällt auf, daß die beiden Hauptgefahrenbereiche im Osten

kontinentaler Landmassen liegen, also dort, wo warme und kalte Meeresströme aufeinandertreffen. Die warmen Ströme fließen in der Regel nach Norden, die kalten nach Süden. Dies sind zugleich Knotenpunkte, wo sowohl die Oberflächenströmungen als auch die Gezeitenströmungen tief unter dem Meeresspiegel umkehren. Diese Strömungen bewegen sich ebenfalls in entgegengesetzter Richtung.

Die Kraft solcher großen Wassermassen erzeugt womöglich einen mächtigeren Sog als die des magnetischen Nordpols, und dadurch könnten magnetische Anomalien in Raum und Zeit entstehen.

Van Sanderson hat darauf hingewiesen, daß in diesen Gebieten zweifellos einige interessante Zeiteffekte auftreten: Es ist vorgekommen, daß planmäßig fliegende Linienmaschinen viel zu früh landeten, manchmal so lange vor ihrer ETA (geschätzte Ankunftszeit), daß man die Verfrühung nur mit Rückenwinden von etwa 800 Stundenkilometern zu erklären vermag!

Die Passagiere auf solchen Flügen können sich gratulieren, nicht nur zu ihrer unerwartet frühzeitigen Landung, sondern auch dazu, daß sie wohlbehalten eine Raum-Zeit-Anomalie überstanden haben, die schon für so viele andere Reisende zu einer Einbahnstraße ins Verderben geworden ist.

Die stark frequentierten Seewege des Bermudadreiecks waren im Zweiten Weltkrieg ein ergiebiges Jagdrevier für viele deutsche U-Boote, die sicherlich für zahlreiche Schiffsuntergänge verantwortlich zu machen sind. Das Drachendreieck erlebte im Krieg neben den U-Boot-Operationen einige der schwersten Überwasser-Seegefechte.

Keineswegs mysteriös ist das Verschwinden zahlreicher japanischer Kriegsschiffe: Die Flugzeugträger *Taiho* und *Shokaku* mit 340 Flugzeugen an Bord wurden in der Seeschlacht bei den Philippinen versenkt; der Flugzeugträger *Zuikako* sowie vier Schlachtschiffe, drei weitere Trägerschiffe, zehn schwere Kreuzer und neun Zerstörer sanken während des Ausbruchs aus dem Leyte-Golf; und fünf Schiffe sowie 4000 Kamikazeflieger gingen bei Okinawa verloren. Eines dieser Schiffe war das riesige Schlachtschiff *Yamato*, das ohne genügend Treibstoff für die Heimreise ins Gefecht entsandt worden war. Angesichts solcher Verluste und der zahllosen Minen, U-Boote und Luftangriffe in der damaligen Zeit haftet dem Verschwinden von Schiffen in beiden Dreiecken während des Zweiten Weltkriegs nichts Rätselhaftes an.

Eine Ausnahme sollte man jedoch für das gleichzeitige Verschwinden von fünf japanischen Kriegsschiffen machen, die zu Beginn des Jahres 1942 dicht vor den Küsten Japans ein Manöver durchführten. Der Flottenverband bestand aus drei Zerstörern und zwei kleinen Flugzeugträgern. Was diesen Schiffen zustieß, ist bis heute ungeklärt. Es ist im höchsten Maße unwahrscheinlich, daß sie durch Feindeinwirkung untergegangen sind, denn sie kreuzten in heimischen Gewässern, und weder die Vereinigten Staaten noch Großbritannien verfügten in jener Anfangsphase des Krieges über Kriegsschiffe oder Unterseeboote in diesem Seegebiet. Der Bombenangriff von Oberst Jimmy Doolittle auf Tokio erfolgte erst Monate später, und das gleiche gilt für die Schlacht bei den Midway Islands, in der die japanische Flotte die ersten schweren Verluste erlitt. Auf jeden Fall hätten sich die Alliierten sofort jede Schiffsversenkung gutgeschrieben, wenn ihre Streitkräfte daran beteiligt gewesen wären.

Die Geschichte des frühen Seekriegs im Pazifik sorgt noch für eine weitere interessante Fußnote. Die amerikanischen U-Boote wurden bei ihren Operationen vor den japanischen Küsten erheblich behindert, weil die Magnetzünder ihrer Torpedos nicht richtig funktionierten. Zuweilen machten die Torpedos kehrt und griffen die Boote an, die sie abgeschossen hatten. Obwohl die Magnetzünder technische Spitzenprodukte waren, mußte das Torpedoarsenal der Kriegsmarine auf Kontaktzünder umgerüstet werden.

An entsprechende Vorkommnisse im Bermudadreieck erinnert ein anderer Zwischenfall im Drachendreieck während des Krieges, der jedoch offensichtlich nichts mit Kampfhandlungen zu tun hat. Er ereignete sich gegen Ende des Pazifikfeldzuges. In seinem Buch *The Deadley Mystery of Japan's Bermuda Triangle* zitiert Rufus Drake den Jagdgeschwaderkommodore Shiro Kawamoto, der erklärte, man habe von dem Piloten eines Kawanishi-Flugbootes kurz vor der Invasion von Iwo Jima einen letzten Funkspruch aufgefangen. Diese letzte Botschaft klang höchst sonderbar. Der Pilot sagte: »Am Himmel passiert irgend etwas ... der Himmel tut sich auf...« Dann riß die Funkverbindung ab – das Flugboot verschwand auf Nimmerwiedersehen.

Wir wissen nicht, ob den amerikanischen und japanischen Militärmaschinen, die in den letzten Jahren in dieser Region verschollen sind, etwas Ähnliches zugestoßen ist, denn was auch geschehen sein mag, es geschah so schnell, daß die Piloten keine Funkmeldung mehr durchgeben konnten.

Nach dem Ende des Zweiten Weltkriegs und der Wiedereröffnung der japanischen Schiffahrtswege verschwanden und sanken auch weiterhin Schiffe im Drachendreieck auf rätselhafte Weise. Von 1949 bis 1954 gingen zehn große Fischereifahrzeuge und Küstenwachkutter spurlos verloren und mit ihnen alle Augenzeugen – insgesamt Hunderte von Menschen.

Eines dieser Schiffe, die *Kaio Maru No. 5*, verschwand 1952, während es eine Forschungsexpedition unternahm, um zu ergründen, warum dieses Gebiet so gefährlich ist. Sein Verschwinden ist deshalb so merkwürdig, weil zu der Zeit die See ruhig und das Wetter ausgezeichnet war. Obgleich das Schiff 150 Tonnen Öl an Bord hatte, fand man in der Nähe seines zuletzt gemeldeten Standorts keine Ölspuren auf dem

Wasser. Nichts Ungewöhnliches wurde über die Funkanlage mitgeteilt, die bis zum Augenblick des Verschwindens einwandfrei funktionierte.

Das einzige Treibgut, das man entdeckte, waren fünf unbeschädigte leere Ölfässer. Den Verlust der *Kaio Maru No. 5* erklärte man mit allerlei Theorien: Sie sei von einem russischen U-Boot versenkt, von einem großen amerikanischen Kriegsschiff gerammt oder gar von einem untermeerischen Vulkan zerfetzt worden. Eine japanische Zeitschrift berief sich auf alte Legenden, an die man in dieser Gegend noch immer glaubt, und mutmaßte, ein Drache oder eine Riesenkrake habe das Schiff mit einem Schluck verschlungen.

Die mysteriösen Schiffs- und Flugzeugkatastrophen hörten auch in den folgenden Jahren nicht auf, und davon waren sowohl Frachter, Tanker und Fischerboote als auch Passagier- und Militärmaschinen betroffen. Im März 1957, dem sogenannten Alptraummonat in der Geschichte der Luftfahrt, verschwanden innerhalb von zwei Wochen drei Flugzeuge im Drachendreieck. Die Kette der unerklärlichen Unfälle ist bis heute nicht abgerissen.

Wir verfügen natürlich über keinerlei Aussagen von Personen, deren Schiffe verschwunden sind, doch einige Schiffe sind dem Verderben gerade noch entkommen. Aber selbst dann können die Überlebenden leider oft keine schlüssige Darstellung dessen geben, was ihnen oder ihren Schiffen zugestoßen ist. Wie das nachfolgende Kapitel belegt, sind die moderne Technik, Kommunikation und Fachwelt noch immer nicht imstande, die Gefahren des Drachendreiecks abzuwehren oder auch nur zu erklären.

2

Eine Verlustliste

Seit mehr als einem Jahrtausend sind im Umkreis der großen Tiefseegräben, die sich von Japan bis hinab ins Chinesische Meer erstrecken, immer wieder Schiffe verschollen. In früheren Zeiten, als man Legenden noch allgemein für wahr hielt, erklärte man sich das Verschwinden von Schiffen mit Drachen, die das Meer aufwühlten, mit Teufeln, die gewaltige Strudel erzeugten, und in einer Sage, die auf den ozeanischen Inseln Japans verbreitet war, sogar mit unverhofften Flutwellen, die durch den Standortwechsel einer Riesenkrabbe auf dem abgrundtiefen Meeresgrund hervorgerufen wurden.

Aber auch einem modernen Navigator, dem die besten technischen Hilfsmittel zu Gebote stehen, wird es anders zumute angesichts der Vielzahl von unberechenbaren Naturereignissen in dieser Region: Taifune mit Windgeschwindigkeiten von mehr als 300 Stundenkilometern, vulkanische und tektonische Vorgänge und Vulkanausbrüche, Erdbeben und Tsunamis, Seichewellen, die durch gewaltige unterseeische Erdrutsche in den riesigen Tiefseegräben entstehen, und rätselhafte Aktivitäten von Meeresströmungen. Bis 1963 hatten die Ozeanographen noch keine Ahnung von der Existenz des Cromwellstroms, der tief unter dem Meeresspiegel dahinfließt. Einige Jahre danach stieg dieser Strom aus unerfindlichen Gründen zum Meeresspiegel des Pazifiks empor und sank dann wieder ab.

Erst nach dem Zweiten Weltkrieg, als der Seeverkehr im Zuge des Wiederaufbaus der japanischen Städte und der japanischen Wirtschaft stark zunahm, begann man das spurlose Verschwinden von Schiffen zu registrieren. Sehr bald wurde evident, daß das übelbeleumdete Ma-no Umi noch gefährlicher war, als man bis dahin angenommen hatte. Dieses Gebiet schien, selbst im Vergleich mit dem Bermudadreieck, die gefährlichste Region der Weltmeere zu sein.

Seit den frühen siebziger Jahren richtete sich das öffentliche Interesse, zumindest in Japan, immer mehr auf die sich häufenden Katastrophen. Zunächst verschwanden leichtere Seefahrzeuge und Flugzeuge, dann größere Schiffe und schließlich sogar die Riesentanker, deren Ölfracht für Japan und die japanische Exportindustrie so lebenswichtig war.

Obwohl Berichte über Schiffsuntergänge im Drachendreieck von den großen Nachrichtendiensten, zumal von Reuter verbreitet werden, hat die Sprachbarriere ohne Zweifel verhindert, daß die einschlägigen Vorkommnisse weltweit bekannt und richtig eingeschätzt wurden. Reportagen, die in großen japanischen Zeitungen wie *Asahi Shimbun* erscheinen, finden nicht immer Beachtung in der Weltpresse. Die Katastrophen, die unmittelbar nach dem Krieg im Drachendreieck passiert sind, wurden in der übrigen Welt offenkundig als lokale Ereignisse von untergeordneter Bedeutung behandelt.

Es ist die Frage, wie gut die Öffentlichkeit heute über das Bermudadreieck informiert wäre, wenn nicht ein so großer Teil dieses Gebietes (und die Schiffe, ihre Besatzungen und Besitzer) so eng mit englischsprachigen Ländern verbunden wäre. Aus allen Berichten, ob englisch oder japanisch, geht indes hervor, daß die Schiffe und Flugzeuge, die im Drachendreieck verschwanden, keinerlei Spuren hinterlassen haben. Sie sind anscheinend allesamt in die Tiefen der westpazifischen Gräben hinabgesunken, aus denen sie nicht geborgen werden können, weil das aus physikalischen oder wirtschaftlichen Gründen unmöglich ist.

Andere gesunkene Schiffe, etwa die *Andrea Doria*, Teile der kaiserlich-japanischen Flotte bei Truk und die amerikanischen Kriegsschiffe in Pearl Harbor waren verhältnismäßig leicht zu entdecken, da sie in der Nähe eines Hafens vom Schicksal ereilt wurden. Und der Mast des deutschen schweren Kreuzers *Graf Spee* ragt noch immer aus dem Wasser des Atlantiks und markiert die Position des Schiffes auf dem seichten Meeresgrund unweit von Montevideo.

Andere deutsche und britische Schiffe, die im Krieg untergingen, sind ebenfalls geortet worden, desgleichen die meisten torpedierten Passagierdampfer. Im Mittelmeer, in der Ostsee, im Ärmelkanal und in den Küstengewässern Floridas hat man den Versuch unternommen, die unterschiedlichsten Schiffstypen zu bergen: altgriechische Handelsschiffe und römische Galeeren, ein verschollenes Flaggschiff der schwedischen Flotte des 17. Jahrhunderts, das Flaggschiff von König Heinrich VIII. und zahlreiche spanische Galeonen. Da die meisten dieser Wracks in relativ flachem Wasser aufgespürt wurden oder ihre Position bekannt war, wurden sie heimgesucht von Leuten, die es auf Schätze in Form von Gold oder wertvoller Ladung, auf Publicity oder archäologische und nautische Informationen abgesehen hatten.

Selbst die lange verschollene *Titanic* ist tief auf dem Grunde des Nordatlantiks lokalisiert und durch ferngesteuerte unbemannte Tauchboote inspiziert worden. Bilder des prächtigen Ballsaals, den seit mehr als sieben Jahrzehnten kein menschliches Auge mehr erblickt hatte, wurden vom Fernsehen in der ganzen Welt ausgestrahlt.

Doch die Suche nach gesunkenen und verschollenen Schiffen ist nicht immer einfach, vor allem nicht im Pazifik, der nicht nur sehr tief, sondern auch mit einer Gesamtfläche von mehr als 180 Millionen Quadratkilometern der größte Ozean der Erde ist. Die Stürme sind hier besonders heftig, einfach deshalb, weil sie mehr Platz haben, sich zu entwickeln, bevor sie vom Festland gebrochen werden. Und Winde und Strömungen können ein herrenloses Schiff oder ein Wrack in unerwartete Gegenden verfrachten. So erging es zum Beispiel dem berühmtesten Geisterschiff im Pazifik, der *Joyita*, die fast 500 Seemeilen weit von ihrem vorausberechneten Standort abgetrieben wurde.

Noch spektakulärer war die Irrfahrt der *Dalgonar*, eines britischen Schiffs, das 1913 im mittleren Südpazifik von einem Sturm erwischt wurde. Nachdem es seine Masten verloren hatte und gekentert war, wurde die Besatzung in einer heroischen Anstrengung von einem anderen Segelschiff, der *Loire*, gerettet. Das aufgegebene Schiff war dem Untergang geweiht. Doch mehr als zwei Jahre später strandete der Rumpf der *Dalgonar* auf einem Riff der Gesellschaftsinseln – gut 2000 Meilen von der Stelle entfernt, wo das Schiff angeblich gesunken war.

Treibende Wracks haben den Seeleuten schon immer Kummer gemacht, denn sie stellen für andere Schiffe eine Gefahr dar. Das gilt vor allem dann, wenn der Rumpf eines solchen Totenschiffs dicht unter der Meeresoberfläche dahintreibt und folglich für die Ausguckposten unsichtbar ist. Noch 1894 wurden allein im Atlantik 1628 herrenlos treibende Schiffe registriert. Die Bahnen, die diese driftenden Wracks zogen, ermöglichten es den Ozeanographen, den Verlauf des Golfstroms zu ermitteln.

Und es ist noch gar nicht so lange her, daß die Küstenwache die undankbare Aufgabe hatte, bis zu 200 treibende Wracks pro Jahr zu lokalisieren und zu versenken. Es zeugt von bitterer Ironie, daß sich in einem der kieloben treibenden Wracks noch Überlebende befanden – ein reales Vorbild für das Buch und den Film *Der Untergang der Poseidon.* Glücklicherweise wurde dieses Geisterschiff entdeckt und die Besatzung gerettet, bevor die Küstenwache die Gelegenheit hatte, ihre Pflicht zu tun und das Wrack zu versenken.

Wie dem auch sei, die Verluste an Schiffen und Flugzeugen im Drachendreieck seit dem Ende des Zweiten Weltkriegs liefern den Stoff für eine der aufregendsten Geschichten, die sich um den Pazifischen Ozean ranken. Der auffälligste Aspekt ist, daß in keinem Fall irgendeine Nachricht andeutete, was geschehen war; es ist fast so, als sei die Ursache des Verschwindens so plötzlich eingetreten, daß sie nicht mehr per Funk gemeldet werden konnte – oder als sei sie erst bemerkt worden, als es dafür schon zu spät war.

Das Geheimnis erscheint, im wörtlichen wie im übertragenen Sinne, um so abgründiger, als die einzige denkbare Ruhestätte für die verschollenen Schiffe der Boden der Tiefseegräben ist. Selbst wenn ein Wrack diesen unvorstellbaren Tiefen entgangen sein sollte, dürfte der ungeheure Wasserdruck es bis zur Unkenntlichkeit deformiert haben. Eben dieser gewaltige Druck verhindert auch wirksam jede Erforschung von tief abgesunkenen Schiffen. Für Forscher ist es ungemein schwierig, ein Rätsel zu lösen, wenn alle Hinweise rund zehn Kilometer unter dem Meer in ewiger Finsternis verborgen sind.

Die Bilanz der überfälligen Schiffe umfaßt lediglich die größeren Überwasserfahrzeuge, die offiziell registriert worden sind. In manchen Ländern setzen die Seefahrtsbehörden bestimmte Grenzwerte für die Meldung von Verlusten fest. Das U.S. Board of Investigation verlangt beispielsweise für die Einleitung einer amtlichen Untersuchung:

1. daß der Untergang eines Schiffs sechs oder mehr Menschenleben gefordert hat;

2. daß das untergegangene Schiff 100 oder mehr Tonnen hatte.

Alle Verluste, die auf den folgenden Seiten aufgeführt sind, erfüllen diese Bedingungen, aber darüber hinaus ist im Drachendreieck während der letzten 1000 Jahre eine unbekannte

Schiff und Flagge	Tonnage	Datum der letzten Meldung	Position	Menschenverluste
Kuroshio Maru No. 1 Japan	1.525	19. April 1949	Drachendreieck	23
Kuroshio Maru No. 2 Japan	1.525	22. April 1949	Drachendreieck	22
Chofuku Maru No. 5 Japan	66	8. Juni 1952	östlich von Okurajima	29
Kaio Maru No. 5 Japan	500	24. September 1952	Myojinsho	31
Shinsei Maru Japan	62	6. Juni 1953	Ogasawara Shotō	17
Kochi Maru No. 16 Japan	150	Dezember 1953	östlich von Jwo Jima	22
Kuroshio Maru No. 3 Japan	1.525	20. Januar 1954	östlich von Nishinoshima	18
Fuyo Maru No. 2 Japan	227	25. September 1954	nahe Miyakejima	25
Seisho Maru No. 1 Japan	190	20. Oktober 1954	südöstlich von Okurajima	25

Schiff bzw. Flugzeug und Flagge	Tonnage	Datum der letzten Meldung	Position	Menschenverluste
Chiyo Maru No. 15 Japan	18	6. Dezember 1954	Kinansho	12
USAF *F-3 B* Flugzeug USA	—	26. Juni 1955	nach dem Start in Atsugi AB	unbekannt
USAF *KB-50* Flugzeug USA	—	12. März 1957	zwischen Wake und Japan	8
USN *JD-1* Flugzeug USA	—	16. März 1957	zwischen Japan und Okinawa	5
USAF *C-97* Flugzeug USA	—	22. März 1957	südöstlich von Japan	67
Donan Maru Japan	2.849	7. Juni 1963	vor Shionomi-saki	33
Juno Panama	1.385	10. Oktober 1964	südlich von Japan	21
Denny Rose UK	6.656	13. September 1967	südlich von Japan	42
Tong Hong UK	4.690	25. Oktober 1967	keine Meldung nach dem Start in Kawasaki	38
Agios Giorgis Griechenland	16.565	8. Januar 1970	Drachendreieck	29
JA-341 Flugzeug Japan	—	10. Februar 1970	südlich von Chôshi	3

Schiff und Flagge	Tonnage	Datum der letzten Meldung	Position	Menschen- verluste
P2V U-Boot- Jäger Japan	—	16. Juli 1971	55 Meilen nordöstlich von Tokio	11
Banaluna Liberia	13.616	12. November 1971	unterwegs nach Kokura	35
Junior KL Philippinen	2.470	5. Oktober 1971	Chinesisches Meer	keine Angaben
Sea Pine Panama	1.794	6. Oktober 1971	zwischen Japan und Taiwan	26
Geranium Frankreich	232	24. November 1974	unterwegs nach Osaka	29
Transocean Shipper Philippinen	9.275	16. Februar 1975	nach dem Auslaufen in Wakayama	33
Ming Song Panama	891	22. Oktober 1975	nördlich von Australien	17
Berge Istra Liberia	227.912	29. Dezember 1975	zwischen Japan und den Philippinen	40
Don Aurelio Panama	4.066	9. Januar 1976	in japanischen Gewässern auf dem Weg zu den Philippinen	31
New Venture Panama	7.194	30. Juni 1976	nördlich von Bataan	30
Rose S Liberia	1.720	13. Februar 1977	unterwegs nach Osaka	31
Triumph No. 1 Panama	8.342	22. Februar 1977	vor Japan	keine Angaben

Schiff und Flagge	Tonnage	Datum der letzten Meldung	Position	Menschenverluste
Hae Dang Wha Südkorea	102.805	28. Juli 1980	vor Japan, unterwegs nach Korea	29
Derbyshire UK	169.044	September 1980	südlich der Bucht von Tokio	44
Dunav Jugoslawien	14.712	28. Dezember 1980	südöstlich von Kap Nojima	31
Antiparos Griechenland	13.862	2. Januar 1981	unterwegs nach Osaka	35
Glomar Java Sea UK	5.930	Oktober 1983	vor Hainan	81
Maasgusar Liberia	keine Angaben	14. März 1987	Drachendreieck	23
Queen Jane Panama	9.909	23. Oktober 1987	bei Taiwan	24

Zahl von kleineren Schiffen verschollen, von denen nur die Erinnerung oder Überlieferung zu berichten weiß.

Die vorangegangene erweiterte, aber immer noch unvollständige Liste kam durch eine Abstimmung mit den Unterlagen japanischer Untersuchungsbehörden und dem Schiffsregister von Lloyd's in London zustande.

Die Berichte über ein verschollenes Schiff, das mit allen Menschen an Bord unterging und später unter Wasser wiederentdeckt wurde, könnten den Stoff für einen James-Bond-Thriller abgeben. Die *Glomar Java Sea*, ein Ölbohrschiff von 5930 Tonnen, lag mit 34 Leichen, die von der 81köpfigen Besatzung übriggeblieben waren, vor der Insel Hainan unter Wasser.

Die Geranium, ein Minenräumboot des hier abgebildeten Typs, verschwand am 24. November 1974 auf dem Weg nach Osaka. Keine Spur der Besatzung und auch keine Wrackteile des Holzschiffs wurden gefunden

Alle Besatzungsmitglieder galten als tot, obwohl Gerüchte umgingen, daß vietnamesische Fischerboote einige Männer gerettet und in Gefangenenlager in Vietnam gebracht hätten. Die große Zahl der Besatzungsmitglieder und die unbestätigten Berichte über die gefangengenommenen Überlebenden scheinen die Aussage von David Whitton, einem Vertreter der Untersuchungskommission, zu untermauern. Er meinte: »Dies ist kein normaler Unfall, und es gibt dafür keinen Präzedenzfall.«
Welche Gefahren einem schwerbeladenen Schiff drohen, das Eisen befördert und in einen Sturm gerät, zeigt das Schicksal der *Dunav*, die 1980 vor dem geplanten Zwischenaufenthalt in Yokohama unterging, kurz nachdem sie ein

Oben: Das Unterseeboot Kuroshio Maru (»Schwarze Strömung«) verdankt seinen Namen dem dunklen Tiefenstrom, der am Drachendreieck entlangfließt. Drei U-Boote dieses Namens wurden in den »Drachengewässern« vom Schicksal ereilt

Unten: Der Tender-Prototyp der Kaio Maru, ein Schiff von 500 Tonnen. Die Kaio verließ Myojinsho am 24. September 1952 mit einer Besatzung von 31 Mann und verschwand spurlos
(Fotos: Jane's Fighting Ships, Jane's Publishing Co., Ltd., London)

kleineres Leck gemeldet hatte. Sie funkte jedoch kein SOS. Die Suche nach der *Dunav* begann am 1. Januar, doch keine Ölflecken, kein Treibgut und keine Überlebenden wurden gefunden.

Einige Tage nach der *Dunav* verschwand ein weiteres Schiff, die *Antiparos*, kurz bevor es planmäßig in Osaka festmachen sollte. Die *Antiparos* hatte 21 410 Tonnen Schrott geladen. Beide Schiffe gingen auf der Hauptschiffahrtsroute zwischen den USA und Japan verloren und hätten somit leicht aufgespürt werden können. Der plötzliche Abbruch der Funkverbindung und das spurlose Verschwinden der Schiffe lenkten das Interesse der Medien wieder auf das Katastrophengebiet östlich von Japan.

Die *Rose S.*, ein mit Schrott und Holz beladener Frachter von mehr als 150 Meter Länge, unterschied sich ein wenig von den übrigen Schiffen, die im Drachendreieck verschollen sind. Sie konnte nämlich noch einen Notruf durchgeben, bevor sie verschwand, ohne jedoch zu erklären, worin die Notlage bestand.

Die Suchmannschaften, die im Unglücksgebiet eintrafen, entdeckten nur ein paar Holzstämme, die allerdings auch von einem anderen Frachtschiff hätten stammen können, aber keine Spur von der *Rose S.*

Die *Kaio Maru No. 5*, ein Schiff der Seesicherungsbehörde, das verschwand, während es nach Belegen für andere Schiffskatastrophen suchte, wurde schließlich zum Opfer eines untermeerischen Vulkanausbruchs erklärt. Man durchforschte jeden Abschnitt des Drachenmeers, fand aber nur einige Trümmer mit anhaftenden Bimssteinschuppen. Aus diesem spärlichen Indiz schloß man, daß das Schiff bei einer Eruption unter Wasser gekentert und gesunken sei.

Selbst Mitglieder der untersuchenden Behörde wollten sich damit nicht zufriedengeben und monierten »zahlreiche ungeklärte Punkte«.

Neben 22 Seeleuten befanden sich 9 Wissenschaftler, darunter Geologen und Ozeanographen, an Bord der *Kaio Maru No. 5.* Daß so viele geschulte Beobachter einem Naturphänomen zum Opfer fielen, das sie erforschen wollten, ist nicht nur mysteriös, sondern auch frustrierend.

Die *Kaio Maru* ist nicht das einzige Forschungsschiff, das in diesem Seegebiet verschwand. Auch die *Kuroshio Maru No. 3* sank ohne einen SOS-Ruf, als sie auf der Suche nach günstigen Fischgründen unterwegs war. Der Verlust dieser beiden Expeditionsschiffe ist ein offensichtlich unwiderlegbarer Beweis dafür, daß im Drachendreieck unvorhersehbare Gefahren lauern.

Einen weiteren Beleg lieferte der unter liberianischer Flagge fahrende Tanker *Maasgusar,* der unter rätselhaften Umständen herrenlos auf dem Meer trieb, als er entdeckt wurde. Ein Patrouillenboot fand das in Flammen stehende Schiff vor der japanischen Küste. Die *Maasgusar* hatte 27 500 Tonnen einer brennbaren giftigen Flüssigkeit geladen. Ein riesiges Loch in einem Einzeltank deutete auf eine Explosion hin. Von der 23köpfigen Besatzung fand sich keine Spur.

Die erfaßten Verluste umfassen keine gesunkenen Schiffe, bei denen es Überlebende oder andere Zeugen, etwa Besatzungen benachbarter Schiffe, gegeben hat. Doch selbst wenn Schiffe nicht spurlos verschwinden, tragen die Informationen, die man von den Überlebenden erhält, nur sehr wenig dazu bei, das Geheimnis des Drachendreiecks zu entschleiern. Die meisten dieser Katastrophen wurden angesichts des allgemeinen Chaos nur unzureichend wahrgenommen.

Was die kleineren Schiffe angeht, so sind seit Jahrhunderten alljährlich Fischerboote in großer Zahl innerhalb des Drachendreiecks verschwunden. Diese Verluste werden in der Regel den Tücken des Meeres zugeschrieben. Erst in den letzten Jahren ist man dazu übergegangen, die jährlichen Verlustzahlen zu ermitteln. Nach Auskunft der japanischen See-

Oben und rechts: Auf der Maasgusar brach im Drachendreieck spon-
tan ein Feuer aus, obwohl sie keine brennbaren Güter geladen hatte.
Man beachte die dreieckigen Wellen, die gegen das Schiff branden
(Fotos mit freundlicher Genehmigung des Kyodo News Service)

sicherungsbehörde lauten die Zahlen für einige Jahre wie folgt:

    1968: Verschollene Boote, Ursache unbekannt,
        keine Spuren: 521
    1970: Verschollene Boote, Ursache unbekannt,
        keine Spuren: 435
    1972: Verschollene Boote, Ursache unbekannt,
        keine Spuren: 471.

Da für gewöhnlich keine Funkmeldungen oder SOS-Rufe aufgefangen wurden, gibt es keine Erklärung dafür, was diesen Schiffen und ihren Besatzungen zugestoßen ist, und es fehlen auch aussagekräftige Wrackteile. Im übrigen muß hier angemerkt werden, daß die unglaublich hohen Verlustzahlen, die für diese Region in einem der genannten Jahre ermittelt wurden, die Gesamtzahl der im Bermudadreieck seit 1860 verschollenen Schiffe bei weitem übertreffen!

In alten Zeiten hatten die Fischer keine Schwierigkeiten, an die Sage von den Meeresungeheuern zu glauben, die ihre Boote angriffen und nicht selten zertrümmerten. Und auch heute noch weckt das Verschwinden von Schiffen mit modernster Ausrüstung und Kommunikationstechnik gewisse Erinnerungen an regional verbreitete Schauergeschichten und an die alten Legenden von jenen Meeresungeheuern, den Drachen.

Alles in allem haben die beiden geheimnisvollen Dreiecke in Friedenszeiten Verluste zu verzeichnen, die in keinem Verhältnis zu den Unfällen in allen anderen Regionen der Weltmeere stehen. Doch zwischen beiden besteht ein irritierender Unterschied. Im Bermudadreieck sind durchweg nur kleine Schiffe und Sportboote verschollen, die vielfach von ihren Eigentümern selbst gesteuert wurden. Im Drachendreieck hingegen sind neben solchen kleineren Schiffen auch viele große Handelsschiffe sowie Patrouillenboote und Fischkutter verlorengegangen, die von erfahrenen Kapitänen geführt wurden.

Die Funksprüche und Positionsmeldungen großer Schiffe werden von den Schiffahrtsunternehmen sorgfältiger registriert als die entsprechenden Nachrichten von kleinen Privatjachten. Aber die großen Frachter und Tanker verschwinden im Drachendreieck ebenso unverhofft und ohne Vorwarnung wie die kleineren Seefahrzeuge im Bermudadreieck.

Diesen Vorkommnissen haftet etwas Unnatürliches an, als ob hier noch andere Elemente als das Wetter im Spiele wären.

Hinsichtlich der Tonnage und Größe der verschollenen Schiffe und Ladungen lassen sich die beiden Dreiecke nicht vergleichen. Das bezeugen die Riesenschiffe, von denen im folgenden Kapitel die Rede sein wird. Die *Berge Istra* mit ihrem Eigengewicht von 227 912 Tonnen war fünfmal so groß wie die *Titanic*. Und nicht sehr viel kleiner waren die *Derbyshire* und die *Hae Dang Wha* mit 169 044 beziehungsweise 102 805 Tonnen.

Die Umstände, unter denen diese Ozeanriesen sanken, bleiben ein Rätsel, und Nachforschungen mit Tauchbooten werden, wie wir inzwischen wissen, wahrscheinlich nie aufklären können, was mit diesen Schiffen geschehen ist, falls sie auf dem Grund der Tiefseegräben vor der japanischen Küste liegen – in Gräben, die fast zehn Kilometer tief sind.

3
Große Schiffe auf dem Weg ins Verderben

Wohl kein Ozean ist so romantisch verklärt und legenden-umwoben wie der Pazifik. Er umschließt Myriaden von tro-pischen Inseln, deren Namen schon exotische Bilder voller Abenteuer und Geheimnis heraufbeschwören. Schriftsteller wie Robert Louis Stevenson und James Michener und Künst-ler wie Gauguin haben die natürliche Schönheit des pazifi-schen Raums geschildert und dem Bewußtsein der westlichen Welt eingeprägt. Unausrottbar ist die Vorstellung, es gebe dort nur unberührte Inseln, friedliche Lagunen und durch-sichtig klares Meerwasser.

Leider straft der reale Pazifik mit seinen Stürmen und seinem labilen seismischen Gleichgewicht solche Idealisierungen oft Lügen. Und in einer Ecke dieses gewaltigen Ozeans liegt eine besonders unruhige und lebensbedrohende Region. Damit ist natürlich das Seegebiet gemeint, das von den Inseln Ja-pans, den Philippinen und der Marianen begrenzt wird – das sogenannte Drachendreieck.

Das Drachendreieck wird von vielen heftigen, unberechen-baren und unvorhersehbaren Stürmen heimgesucht. Dafür gibt es verschiedene plausible wissenschaftliche Erklärungen.

Im pazifischen Raum sind die Luftmassen, die vom asiatischen Festland kommen, gewöhnlich kalt und trocken. Die Luftströmungen erreichen ihre größte Stärke, wenn sie über den Ostrand des Kontinents hinwegziehen, und verwandeln sich in Stürme, die ostwärts wandern, direkt in das Drachendreieck.

Die Ausbildung von plötzlichen starken Stürmen wird begünstigt durch die Schwankungen der Meerestemperatur um 1 bis 3 Grad, die im Dreieck möglich sind. Stürme, die sich über Wassermassen bewegen, die abwechselnd kalt und warm sind, werden launisch, und ihr Verhalten läßt sich unmöglich vorherbestimmen. Für den Schiffs- und Flugverkehr stellen solche Wetterverhältnisse ungewöhnliche Risiken dar. Eine ähnliche Brutstätte für Stürme findet sich im Golfstrom vor der nordamerikanischen Atlantikküste – das berüchtigte Bermudadreieck.

Der todbringende Hurrikan, den man Taifun nennt, ist im Drachendreieck und im Chinesischen Meer zu Recht gefürchtet. Wenn große Schiffe von einem Taifun überrascht werden, suchen sie regelmäßig Schutz auf offener See und in tiefen Gewässern, wo sie den Sturm heil zu überstehen hoffen. Kleine Schiffe, die keinen Hafen mehr anlaufen können, haben dann kaum eine Überlebenschance.

Zwei solcher Taifune fielen im September 1945 kurz nacheinander über Japan her. Der erste zog rund 150 Kilometer entfernt an den Inseln vorbei, aber selbst bei dieser Entfernung erreichten die Stürme im Land noch Geschwindigkeiten von mehr als 60 Knoten. Die winzigen amerikanischen Minenräumboote YMS-98 und YMS-472 rasten vor dem Wind auf Okinawa und den sicheren Hafen zu, verfehlten aber die Kehre an der Nordspitze der Insel. Sie verschwanden im Unwetter – und nur ein Mann überlebte. Die YMS-421 und YMS-341, die von Saipan und Guam zur Buckner-Bucht Okinawas unterwegs waren, kenterten und sanken unmittelbar vor dem Hafen. Glücklicherweise konnte der größte Teil der Besatzung gerettet werden.

Der nächste Taifun, der die Buckner-Bucht verwüstete, fegte mit Windgeschwindigkeiten bis 144 Knoten dahin. Dieser Monstersturm versenkte die Schiffe *Mona Island, Southard* und *Dorsey* (deren Besatzung sich bis zum nächsten Tag an den Wrackteilen festklammern mußte, bis sie gerettet wurde), ferner die *Weehawken*, die *Snowball,* die YMS-146, -151 und -384 sowie die AMC-86. Noch eine volle Woche nach dem Taifun lagen 36 Schiffe in der Bucht auf Grund, und 1400 Matrosen waren noch immer heimatlos.

Heute kann man Taifune erfreulicherweise überwachen und auf ihrem Weg verfolgen. Doch wenn es ein kleines Schiff erwischt hat, bleibt der Besatzung kaum etwas anderes übrig, als Ruhe zu bewahren und zu beten. Der Kapitän eines amerikanischen Minenräumers, der von mehreren kleinen Booten begleitet wurde, merkte während eines Taifuns, daß sein Schiff in Bedrängnis geriet. Voller Panik rief er über Funk den vorgesetzten Fregattenkapitän:

»Burgundy! Burgundy!«
»Hier Burgundy. Sprechen Sie«, wurde erwidert.
»Hm – ah – ich glaube, mein Mast bricht ... wups!
Schon ist er weg.«
Burgundy antwortete sardonisch: »Roger. Ende!«

Die Hauptmeeresströmung in dieser Region, der Nordäquatorialstrom (auch Nördliche Passatdrift genannt), verläuft von Osten nach Westen und beschreibt windungsreiche Spiralen. Er verzweigt sich östlich der Philippinen; ein Zweig bewegt sich südwärts an der Küste von Mindanao vorbei, während der größere Teil an der Ostküste der Philippinen und an der Insel Taiwan entlangfließt. Dann bewegt er sich nach Nordosten, zwängt sich zwischen den Ryukyuinseln hindurch und wendet sich nach Osten und Nordosten, bis er die japanische Küste erreicht. Der warme, nach Nordosten ausgerichtete Strom zwischen Taiwan und 35. Grad nördlicher Breite wird als Kuroshiostrom bezeichnet – ein japanisches Wort für »schwarzer Strom«. Der Kuroshio ähnelt seiner Natur nach sehr dem Floridastrom, der durch die Karibik fließt und die Straße von Florida durchquert – mit anderen Worten: das Seegebiet des Bermudadreiecks.

Obwohl das Sturmsystem und die Meeresströmungen des Drachendreiecks auffällige Übereinstimmungen mit denen des Bermudadreiecks aufweisen, herrschen unter Wasser völlig verschiedene Umweltbedingungen. Der Meeresboden des Drachendreiecks ist gekennzeichnet durch sehr viel tiefere Gräben und Schluchten und auch durch eine erheblich stärkere Vulkantätigkeit.

Die tiefsten Stellen der Erde befinden sich im Drachendreieck. Die Tiefe des Philippinen- und des Japangrabens wird auf mehr als 10 000 Meter geschätzt. Dieser »bodenlose« Ozean ist nachweislich für zahlreiche Schiffe und Flugzeuge zu einem abgrundtiefen Grab geworden. Schiffe, die in diesen Gewässern untergehen, zumal wenn sie schwer beladen sind, verschwinden auf Nimmerwiedersehen in den Tiefen. Da man die Wracks nicht bergen, ja nicht einmal lokalisieren kann, gibt es keine Hinweise auf die Ursachen der vielen Katastrophen und auf das Schicksal der Besatzungen.

Ein möglicher Grund für die Unglücksfälle sind die untermeerischen Erdbeben oder Vulkanausbrüche und die dadurch ausgelösten Seichewellen oder Tsunamis. Wenn ein Seebeben stattfindet, pflanzen sich seine Schockwellen durch die Erdkruste fort. Diese Vibrationen steigen vom Meeresboden in Form einer Wassersäule auf und zeigen sich an der Oberfläche als eine Serie von Wellen, die sich vom Ursprungsort aus verbreiten. Der allgemeine Fachausdruck für dieses Phänomen ist Seiches. Im Pazifischen Ozean spricht man hier von einem Tsunami.

Der Tsunami (japanisch *tsu* bedeutet Hafen, *nami* soviel wie Welle) ist eine lange, flache Dünung auf dem offenen Meer – vielfach nur etwa 30 Zentimeter hoch. Aus unerfindlichen Gründen bewegt sich ein Tsunami in Gruppen von bis zu sechs Wellenkämmen, zwischen denen jeweils rund 150 Kilometer liegen können.

Sobald sich diese Wellen im Flachwasser vor der Küste aufsteilen, werden sie zu gewaltigen Wogen, die alles zerstören. Weil sie jedoch auf offener See verhältnismäßig klein bleiben, richten sie bei den meisten Schiffen, die von ihnen getroffen werden, keine Schäden an. Seeleute haben zuweilen den dumpfen Aufprall eines Tsunamis an der Bordwand mit dem Aufsetzen des Schiffs auf einem Felsen oder Riff verwechselt. Dieser Irrtum hat dazu geführt, daß in Seekarten viele nichtexistente Riffe verzeichnet sind.

Mit einem Tsunami geht ein donnerähnliches Geräusch einher. Der Schriftsteller Joseph Conrad, der zugleich Seemann war, erzählt in *Lord Jim* von einem Tsunami, der sich angehört habe, »als hätte der Donner tief drunten im Wasser gerollt«. Viele Schiffbrüchige berichten, sie hätten unmittelbar vor dem Untergang ihres Schiffs im Drachendreieck ein ähnliches Geräusch vernommen. Das ist merkwürdig, denn die größte Gefahr stellt ein Tsunami nur für Inseln und Küstenstädte dar. Sobald er nämlich eine Küste erreicht, verwandelt er sich in eine hohe Flutwelle und spült alles hinweg, was sich ihm in den Weg stellt.

Allerdings können einzelne Wellen von hinreichender Höhe auch Schiffe versenken, selbst solche, die so groß und technisch ausgereift sind wie die gigantischen Frachter von heute. Es ist wissenschaftlich nachgewiesen, daß sich auf dem Meeresspiegel schon bei Windgeschwindigkeiten von mehr als etwa fünf Stundenkilometern Kräuselwellen bilden. Wenn die Winde fortwährend auf diese Wellen einwirken, entwickeln sich schließlich mächtige Wogen von großer Zerstörungskraft. In einem stürmischen Seegebiet wie dem Drachendreieck ist hoher Seegang eine ständige Bedrohung. Noch unangenehmer für den Rudergänger ist es, daß Wogen von mehr als 30 Meter Höhe plötzlich zwischen kleineren Wellen auftauchen können. Ein Schiff, das von einer solchen massiven Wasserwand überrascht wird und sie nicht zu durchschneiden vermag, kann unter Umständen direkt auf den Meeresgrund geschickt oder wie in einem Strudel herumgewirbelt und vom Wasser verschlungen werden.

Es ist unwahrscheinlich, daß im Drachendreieck viele Schiffe durch Welleneinwirkung verlorengegangen sind. Eine der umstrittensten und merkwürdigsten Katastrophen ereilte die *Berge Istra*, die wegen ihrer gewaltigen Wasserverdrängung von 227 912 Tonnen als »Grüner Riese« bezeichnet wurde. Kurz bevor das Schiff am 29. Dezember 1975 über dem Mindanaograben sank, rief der Funkoffizier Ronald Le Marche seine Frau auf einer der englischen Kanalinseln an. Er erzählte ihr, daß das Wetter gut und die See ruhig sei.

Von den 30 Besatzungsmitgliedern überlebten nur zwei, und zwar allein deshalb, weil sie gerade auf dem Oberdeck mit Anstreicharbeiten beschäftigt waren, als das Schiff zu sinken begann. Die beiden schworen, daß sie im selben Augenblick, als sie über Bord ins Meer geschleudert wurden, Explosionen gehört hätten.

Fachleute bezweifelten das, weil keinerlei Wrackteile gefunden wurden, und die hätte es geben müssen, wenn das Schiff explodiert wäre. Andere haben den Verdacht geäußert, die *Berge Istra* sei von moslemischen Extremisten aus Mindanao überfallen worden. Diese Theorie erklärt freilich nicht, wieso die beiden Seeleute keine Ahnung von einer Entführung hatten, und auch nicht ihre beharrliche Beteuerung, sie hätten Explosionen gehört. Es scheint für dieses Rätsel keine plausible Erklärung zu geben.

Ein Tsunami infolge eines Seebebens und eine dadurch entstandene Riesenwoge oder ein ferner Sturm könnten das Mammutschiff gepackt und sofort auf Grund gesetzt haben. Das Geräusch, das die Überlebenden gehört haben wollen, war möglicherweise keine Explosion, sondern das Donnergrollen des Tsunamis. Weil ein Tsunami nicht von einem Sturm begleitet wird, ließe sich erklären, daß der Funkoffizier von guten Wetterverhältnissen sprach.

Ohne Zweifel haben die 188 000 Tonnen Eisenerz, die das Schiff transportierte, die *Berge Istra* nach unten gezogen, sobald sie gekentert war. Oder vielleicht ist sie durch das Gewicht der Ladung und den plötzlichen Anprall mehrerer Tsunamiwellen entzweigebrochen, und dabei entstand das krachende Geräusch, das die Matrosen mit einer Explosion verwechselten. Wie dem auch sei, ein Tsunami, der mächtig genug ist, den »Grünen Riesen« zum Kentern zu bringen, ist eine große Seltenheit.

Der norwegische Reeder Sigvald Bergeson, dem das Schiff gehörte, war schockiert, als er von dessen Verschwinden erfuhr, und er konnte sich die fehlende Funkverbindung vor dem Untergang nicht erklären. Er betonte, daß die *Berge Istra* nur vier Jahre alt und mit den modernsten Sicherheitseinrichtungen und Alarmanlagen ausgerüstet war, so daß sie bei Lloyd's in London mit 30 Millionen Dollar versichert wurde.

Ein unheimliches Schlaglicht fällt auf die Katastrophe der *Berge Istra*, wenn man bedenkt, daß ihr Schwesterschiff, die *Berge Vanga*, drei Jahre und zehn Monate später unterging. Die *Berge Vanga* war von Südafrika aus unterwegs nach Japan, als unvermittelt der Funkkontakt abbrach. Von dem Wrack wurden keinerlei Spuren gefunden, und von der 40köpfigen Besatzung kam niemand mit dem Leben davon. Die beiden Riesenschiffe gehörten derselben Reederei, wurden auf derselben Werft gebaut, beförderten dieselbe Ladung und befuhren dieselbe Route – das sind Zufälle, die Stoff für Legenden abgeben.

Daß ein Schiff auseinanderbrechen kann, wenn es von Wogen oder heftigen Winden geschüttelt wird, kommt nicht gerade selten vor. Richard Bishop, ein Experte für Schiffahrtskatastrophen, meint dazu: »Wenn ich die Hauptursache für den Untergang großer Schiffe benennen müßte, würde ich ohne Zögern auf massive Rißbildung infolge Materialermüdung tippen.«

Am anfälligsten dafür sind lange, schmale Schiffe, die besonders häufig mittschiffs in zwei Hälften zerbrechen. Ein solches Mißgeschick könnte der *Berge Istra* und der *Berge Vanga* widerfahren sein – und mit ziemlicher Sicherheit der *Derbyshire*.

Die *Derbyshire* war ein riesenhaftes britisches Schiff von 169 044 Tonnen. Als es im September 1980 südlich der Bucht von Tokio sank, verloren alle 44 Besatzungsmitglieder ihr Leben. Das Schiff funkte nicht SOS. Die Untersuchungskommission stellte fest, daß die *Derbyshire* in einem Sturm untergegangen sei, und spekulierte, infolge des hohen Seegangs sei sie in der Mitte entzweigebrochen. Die ernüchternde Einsicht, daß selbst die allerbeste Technik des Menschen den Kräften der Natur nicht gewachsen ist, wurde von Lord Campbell im Oberhaus zur Sprache gebracht. Lord Campbell, der früher einmal mit der berühmten Seeversicherung Lloyd's assoziiert war, forderte von der Regierung, sie solle »sich dazu äußern, wie es möglich ist, daß ein Produkt der modernen Schiffbautechnologie in einem gewöhnlichen Sturm im Chinesischen Meer spurlos verschwinden kann...«.

Schon vor dem Untergang der *Derbyshire* gingen Gerüchte über das Schiff um. Obgleich es erst vier Jahre alt war, stand es in dem Ruf, das Unheil anzuziehen. Ein Besatzungsmitglied namens Peter Lambert berichtete seiner Mutter in Liverpool in einem Brief, daß auf der letzten Reise immer wieder seltsame und ungewöhnliche Unfälle passiert seien. Er versicherte ihr, er werde nie wieder auf der *Derbyshire* fahren. Ironischerweise erwies sich diese Voraussage als richtig – und Lambert starb wie alle seine Kameraden.

Die Tragödie der *Derbyshire* hat eine gewisse Ähnlichkeit mit der des japanischen Schiffes *Bolivar (Boriba) Maru.* Dieser 52 000-Tonnen-Frachter, der eine schwere Eisenerzladung transportierte, sank bei hohem Seegang im Südosten der Bucht von Tokio. Doch im Unterschied zur *Derbyshire* kamen diesmal zwei Seeleute mit dem Schrecken davon: der Koch Nakamura und der Zweite Ingenieur Takaoba.

Der Funker konnte noch zwei SOS-Rufe an die japanische Küstenwache abgeben. Im ersten hieß es, die Luke Nr. 2 sei beschädigt, und Wasser ströme in den Laderaum. In der zweiten Meldung, die kurz vor dem Untergang eintraf, wurde mitgeteilt, daß auch der Bug lädiert sei.

Offensichtlich waren weder die Offiziere noch die Mannschaft sonderlich beunruhigt, denn sie trafen keine Anstalten, das Schiff so schnell wie möglich zu verlassen. Viele Matrosen kehrten noch in ihre Kabinen zurück, um sich umzuziehen und ihre Habseligkeiten zusammenzupacken. Der Zweite Ingenieur Takaoba erhielt vom Ersten Offizier die Anweisung, amtliche Papiere und Lebensmittel in die Rettungsboote zu schaffen. Andere Seeleute standen bei den Booten und warteten auf den Befehl, sie zu Wasser zu lassen. »Ganz plötzlich«, berichtete Takaoba der Untersuchungskommission, »hörten wir einen furchtbaren Lärm – ›gishygishy‹ – den Krach eines Erdbebens –, und das Schiff begann auseinanderzubrechen und zu sinken.«

Takaoba sprang zusammen mit Nakamura, der sich auf einem anderen Deck aufhielt, ins Meer. Als die *Takashima Maru,* die sich in der Nähe befand, den Schauplatz erreichte, konnte sie die beiden Männer aus dem Meer fischen. Niemand sonst überlebte.

Der eigens eingesetzte Untersuchungsausschuß wies keinen

Riesentanker, einige mit mehr als 200 000 Tonnen wie die California Maru (oben) und die Bolivar (darunter), sind im Drachendreieck verschwunden (Fotos aus dem Archiv des Autors)

Einzelpersonen die Schuld zu. Vielmehr ging er davon aus, daß die schwere Fracht, Konstruktionsmängel und schlechtes Wetter den Untergang des Schiffes verursacht hätten. Interessant ist Takaobas Hinweis auf das Geräusch, das beim Auseinanderbrechen des Schiffes entstand. Es erinnert an die Explosionen, die zu hören waren, bevor die *Berge Istra* sank, und könnte die These bestätigen, daß sie ebenfalls entzweibrach. Der Ausdruck »Krach eines Erdbebens« bezieht sich sicherlich auf den Tsunami. Woher kam eine solche Welle? War sie so groß, daß sie das Schiff zum Kentern brachte, oder gerade stark genug, um einen überladenen Frachter zu zerbrechen? Sind geheimnisvolle Tsunamis von so zerstörerischer Kraft häufig im Drachendreieck?

Die *California Maru*, ein anderer japanischer Frachter, sank am 10. Februar 1970 in der Tokio-Bucht, östlich von Chiba. Ihr Bug war schon früher, auf der Höhe von Nojima Zaki, beschädigt worden, und wie auf der leckgeschlagenen *Bolivar Maru* hielt niemand die Situation für so ernst, daß man Notmaßnahmen eingeleitet hätte. Die *California Maru* setzte ihre Fahrt unbekümmert fort, wenngleich unter Sturmbedingungen.

Der Erste Ingenieur berichtete, er habe ein fürchterliches Malmgeräusch gehört und bemerkt, daß sich das Schiff nach der Backbordseite zu neigen begann. Einem anderen Besatzungsmitglied, das gerade ein Bad nahm, fiel auf, daß das Wasser über den linken Wannenrand schwappte. Kapitän Sumimura ließ die Maschinen stoppen und befahl die 22köpfige Besatzung unverzüglich auf die Brücke. Die Männer ließen die Rettungsboote hinab, aber sie wurden vom hohen Seegang erfaßt. Einige Matrosen wurden über Bord gespült, andere verletzt. Die meisten Überlebenden konnten sich dadurch retten, daß sie die Jakobsleitern und Rettungsnetze hinabkletterten und von dem neuseeländischen Schiff *Oteola* aufgenommen wurden, das breitseits beigedreht hatte. Zum

Dieses Kanonenboot der Flower-Klasse gleicht der Fuyo Maru, die am 25. September 1954 mit der gesamten 73köpfigen Besatzung bei Miyakejima unterging

Glück waren an Bord der *Oteola* japanische Seeleute, die die Anweisungen übersetzen konnten. Der Kapitän der *California Maru* konnte sich indes nicht retten und ging mit seinem Schiff unter.

Die *California Maru* war das vierte Großschiff, das innerhalb eines Jahres vor der japanischen Küste sank. Die *Bolivar Maru*, gesunken im März 1969, war das erste. Die *Sofia Pappas* verschwand am 6. Januar 1970, und die *Andrew Demades* folgte zwei Tage später. Alle vier Schiffe scheiterten in den schlimmsten Wintermonaten, wenn die Stürme am häufigsten und gefährlichsten auftreten.

Schaut man sich die Liste der verschollenen Schiffe genauer an, so zeichnen sich bestimmte chronologische und geographische Kategorien ab. So gingen beispielsweise zwischen April 1949 und Dezember 1954 zahlreiche Schiffe verloren. Die *Kuroshio Maru No.1* sank vor den Boninseln am 19. April 1949. Bei der *Kuroshio Maru No. 2*, die drei Tage da-

Oben: Der unter liberianischer Flagge fahrende Sophia Pappas, 8198 Tonnen, zerbrach am 5. Januar 1970 südöstlich der Bucht von Tokio in zwei Teile (Foto aus dem Archiv des Autors)

Unten: Die liberianische Banaluna, 13616 Tonnen, war nach Kokura in Japan unterwegs und hatte 2846 Tonnen Magnetit an Bord, als sie mit ihrer 35köpfigen Besatzung unterging. Der letzte Funkspruch vom 12. November 1971 deutete auf keine Gefahr hin. Selbst bei einer extensiven Suche wurde keine Spur des Schiffs entdeckt (Foto aus dem Archiv des Autors)

Oben: Die panamaische Triumph No. 1 verschwand am 22. Februar 1977, etwa 800 Kilometer von der japanischen Küste entfernt. Weder der 8342-Tonner noch ein einziges Besatzungsmitglied konnten aufgespürt werden (Foto aus dem Archiv des Autors)

Unten: Die griechische Agios Giorgis, 16565 Tonnen, transportierte 25000 Tonnen Stahlschrott, als sie am 8. Januar 1970 ein Opfer des Drachendreiecks wurde. Die 29 Seeleute und das Wrack sind spurlos verschollen (Foto aus dem Archiv des Autors)

nach sank, ist der genaue Unfallort nicht bekannt. Der 66-Tonner *Chofuku Maru No. 5* verschwand am 8. Juni 1952 etwa 180 Kilometer östlich von Okurajima, und der 500-Tonner *Kaio Maru No. 5* ist seit dem 24. September desselben Jahres überfällig. Zwei weitere Schiffe sanken im Juni und Dezember 1953: die *Shinsei Maru* mit 62 Tonnen vor der Insel Sumisu im Ogasawara-Archipel und die 150 Tonnen große *Kochi Maru No. 16* östlich von Iwo Jima. Das Jahr 1954 erlebte den Untergang von vier weiteren Schiffen: die *Kuroshio Maru No. 3*, 1525 Tonnen, vor Nishinoshima; die *Fuyo Maru No. 2*, 2227 Tonnen, vor Miyakejima; die *Seisho Maru No. 1*, 190 Tonnen, südöstlich von Okurajima; die *Chiyo Maru No. 15*, 18 Tonnen, bei Kinansho.

Die Unfallursache ist in all diesen Fällen unbekannt. Wir wissen nur, daß die relativ geringe Größe der Schiffe, die aus den Tonnageangaben hervorgeht, den Schluß zuläßt, daß es sich um private oder kommerzielle Fischereifahrzeuge handelte. In den Jahren nach dem Zweiten Weltkrieg wurden die Gewässer des Drachendreiecks hauptsächlich von solchen Schiffen befahren.

Nur sehr wenige von ihnen verfügten über Funk oder sonstige Kommunikationsmittel, und deshalb konnten sie nicht um Hilfe rufen, wenn sie in Seenot gerieten. Selbst Boote, die einen Sender besaßen, wurden von ihm manchmal im Stich gelassen.

Zu derselben Zeit, als die *Kaio Maru No. 5* während eines Vulkanausbruchs unweit des Myojinsho-Riffs verschwand, wurde die 150 Tonnen große *Toshi Maru* im selben Seegebiet als vermißt gemeldet, und man vermutete, sie sei vom gleichen Schicksal ereilt worden. Das Schiff wurde jedoch Ende September entdeckt, und der Kapitän berichtete, seine Funkanlage habe versagt!

Doch auch in neuerer Zeit sind gut ausgerüstete Schiffe mit allen erdenklichen technischen Hilfsmitteln spurlos verschwunden oder von mysteriösen Katastrophen heimgesucht worden. Im Januar 1970 brach der unter liberianischer Flagge fahrende Frachter *Sophia Pappas* entzwei und versank in den Fluten südöstlich der Bucht von Tokio. Das 16 Jahre alte, 12113 Tonnen große Schiff hatte eine Besatzung von 29 Mann – nur 22 wurden gerettet. Ein anderes liberianisches Schiff, die *Banaluna* mit 13616 Tonnen, sank auf dem Weg nach Kokura mitsamt einer 2846 Tonnen schweren Magnetitfracht. Die letzte Funkmeldung stammt vom 12. November 1971. Trotz einer gründlichen Suchaktion fanden sich keinerlei Spuren des Schiffs oder der 35köpfigen Besatzung.

Im Februar 1977 verschwand die unter panamaischer Flagge fahrende *Triumph No. 1* ungefähr 650 Kilometer von der japanischen Küste entfernt. Die Frage bleibt: Wie konnte ein 8342 Tonnen großes Schiff einfach untergehen, ohne eine Spur zu hinterlassen? Dann ist da noch der Fall des griechischen Frachters *Agios Giorgis*, eines Schiffs von 16565 Tonnen, das mit 25000 Tonnen Stahlschrott nach Mizushima unterwegs war. Doch es kam niemals an, denn es ging auf der Höhe von Inubo Saki mit 29 Seeleuten an Bord unter. Es hatte kein einziges Mal SOS gefunkt.

Eine defekte Funkanlage ist möglicherweise schuld daran, daß der 102805 Tonnen große Frachter *Hae Dang Wha* keine Hilferufe aussandte, bevor er am 28. Juli 1980 sank. Das mit Eisenerz beladene Schiff verschwand irgendwo über dem nördlichen Mindanaograben, auf der Route von Japan nach Korea. Sein letzter Funkspruch meldete normale Fahrt und keine schlechten Wetterverhältnisse oder technische Schwierigkeiten. Warum verschwand ein Schiff, das 2,6 Millionen Dollar wert war, mitsamt der ganzen Mannschaft? Eine fünfzehntägige Suche förderte keinerlei Überreste der *Hae Dang Wha* zutage, die daraufhin für »überfällig mit allen Seeleuten; Ursache unbekannt« erklärt wurde.

Einige Forscher haben versucht, sich einen Reim auf die zahlreichen unerklärlichen Schiffsunglücke im Drachendreieck zu machen. Eine mögliche Erklärung besagt, daß manche skrupellosen Schiffseigner für die Vernichtung ihres Eigentums zahlen, um die Versicherungssumme zu kassieren. Viele kleinere Schiffe waren 20 bis 25 Jahre alt und transportierten wertvolle Frachten (Elektronik, Zinn oder Textilien), als sie untergingen.

In einigen Fällen konnte nachgewiesen werden, daß bestimmte Seeleute wiederholt auf Schiffen auftauchten, die später sanken, und das erhärtete den Verdacht, daß sie dafür bezahlt wurden, sie zu versenken. In einem Verfahren, das die *Jal Sea Condor* betraf, charakterisierte ein Richter in Hongkong den Kapitän und den Chefingenieur des 7000-Tonnen-Frachters als »strafwürdige Schurken, die es hauptsächlich darauf abgesehen hatten, eine ansehnliche Summe« von der Versicherungsgesellschaft zu ergaunern.

Wie die Gewässer des Bermudadreiecks wurde auch das Drachendreieck immer wieder von Plünderern, Entführern und Piraten heimgesucht. Die chinesische Küste war seit jeher ein beliebter Unterschlupf für marodierende Seefahrer. Es gab einmal eine Zeit, als mehr als 300 Piratendschunken das Gebiet des Drachendreiecks terrorisierten. Viele unglückselige Schiffe, die dicht unter der Küste segelten, sahen sich plötzlich umringt von diesen Piraten, die ihre blitzschnellen Überfälle von den Tausenden von Meerengen, Buchten und Inseln aus durchführten. Diese verbrecherische Flotte, deren Zeichen die rote Flagge war, gebot über eine Streitmacht von 20000 bis 40000 Mann. Einer der gefährlichsten und zugleich romantischsten Piraten war eine Frau namens Shih Hsiang-Ku. Ihr Ruf als mörderische, durch und durch skrupellose Brigantin trug ihr den Beinamen »Drachenlady« ein. Ihre Geschichte und ihren Charakter hat Milton Caniff in seinem Comicstrip *Terry und die Piraten* in der Person der chinesischen Piratenchefin verewigt. Zur großen Erleichterung der Seefahrer wurde

Shih Hsiang-Ku schließlich gefangengenommen und am 16. November 1807 hingerichtet.

Manchmal fuhren Piraten als Passagiere auf einem Schiff, oder sie heuerten sogar als Matrosen an. Wenn dann Zeit und Ort günstig waren, übernahmen sie das Unglücksschiff, ermordeten den Kapitän und die Besatzung und machten sich mit Schiff und Ladung davon. Besonders anfällig für derlei Aktionen waren die kleineren Schiffe, mit wenigen Mann Besatzung. Das gekaperte Schiff wurde hinterher beseitigt oder so verändert, daß es nicht mehr wiederzuerkennen war, und weiterverwendet. Nach einer entsprechenden Umgestaltung der Aufbauten konnten die Küstenpatrouillen das geraubte Schiff nicht mehr identifizieren. Die Besitzer meldeten das Schiff als verloren und strichen nach Möglichkeit die Versicherungssumme ein.

Es gibt noch andere Gründe für das Verschwinden von Schiffen im Drachendreieck und anderswo. Brände und Explosionen an Bord, vor allem im Maschinenraum, richten nicht selten Schäden an, die das Schiff nicht übersteht. Sie können durch mechanische oder elektrische Defekte an Bord selbst entstehen oder durch die geheimnisvollen elektromagnetischen Anomalien verursacht werden, die nachweislich im Drachendreieck existieren.

In schwerer See kann, wie man weiß, auch die Fracht im Laderaum ins Rutschen geraten. Infolge einer solchen plötzlichen Gewichtsverlagerung kann das Schiff Schlagseite bekommen und mit Wasser vollaufen. Viele Schiffe, die in dieser Region verlorengingen, transportierten extrem schwere Frachtgüter, die, wenn sie sich in einem Sturm verschoben, den Untergang oder gar das Auseinanderbrechen eines Schiffs bewirken konnten. Dies ist zweifellos ein wichtiger Faktor, den man bei einigen verschollenen Superfrachtern berücksichtigen muß.

In seltenen Fällen sind Schiffe gesunken, weil sie auf einen untergetauchten Gegenstand aufgelaufen sind. Das kann ein Riff, eine Treibmine oder ein dicht unter dem Wasserspiegel liegendes Wrack sein. Im Pazifischen Ozean gedeihen Korallen auf den Flanken erloschener Vulkane. Wenn sich Millionen und Abermillionen Skelette von Korallenpolypen aufeinandertürmen, bildet sich allmählich ein Riff. Der Vulkankegel wird nach und nach abgetragen und versinkt wieder im Meeresboden, während die gleichzeitig nach oben wachsenden Korallen ihre Position beibehalten. Solche Atolle, wie man sie nennt, finden sich oft an den Rändern von vulkanischen Inseln und können für die Schiffahrt ein erhebliches Risiko darstellen. Sie sind sorgfältig kartiert und den Seeleuten in diesen Meeresregionen wohl bekannt. Das Drachendreieck jedoch mit seinen häufigen seismischen Störungen und Versetzungen verwandelt zuweilen zuverlässige Seekarten in lebensgefährliche Ratespiele!

Die Gewässer des Pazifikbeckens, insbesondere im Umkreis der Philippinen und Japans, waren im Zweiten Weltkrieg der Schauplatz vieler Seeschlachten und anderer militärischer Operationen. Sogleich nach Unterzeichnung des Friedensvertrags mit Japan am 2. September 1945 nahmen alliierte Minenräumschiffe ihre Arbeit in dieser Region auf. Das geschah in drei Phasen. Als erstes wurden die Zufahrten zu den japanischen Häfen von Minen geräumt, damit die alliierten Kriegsgefangenen evakuiert und die Besatzungstruppen an Land gesetzt werden konnten. Dann säuberte man die Häfen und Kanäle, um den Nachschub heranschaffen zu können. Als letztes kamen die Schiffahrtswege an die Reihe.

Nach Kriegsende war der gesamte Seeverkehr von Minen bedroht, und kein Schiff konnte in japanische Gewässer einlaufen, bevor sie geräumt waren. Britische, niederländische und australische Minenräumschiffe bearbeiteten die Inseln südlich der Philippinen und die asiatische Küste. Die amerikanischen YMSs, kleine Räumboote, säuberten das Gebiet der Philippinen-, Palau-, Marshall-, Gilbert- und Bonin-inseln. Die Russen waren für die Küste der Mandschurei zuständig.

Das war keine leichte Aufgabe. Die Küstengewässer Chinas, Südostasiens, Borneos, Neuguineas, Koreas, Japans und Manilas sowie die Inseln und Seewege im Philippinenmeer waren übersät mit tödlichen Minen, gelegt von alliierten und japanischen Flugzeugen, U-Booten und Überwasserschiffen. Sie alle mußten jetzt gehoben werden.

In der Bucht von Tokio lagen 74 japanische Kontaktminen und drei amerikanische. In einem etwa 250 Kilometer langen Küstenstreifen vor Kagoshima fanden sich 320 Minen. Kochi war von 212 blockiert. Sasebo war gespickt mit 1200 Minen; im Oktober wurde das Gebiet für minenfrei erklärt. Zehn Tage später sank dort ein japanisches Schiff. Die Ursache? Es war auf eine Mine gelaufen.

Im Bungo-Kanal zwischen Kochi und Kyushu trieben rund 3400 Minen. Die Amerikaner bargen davon 1687 und die Japaner weitere 222, und dennoch galt die Wasserstraße als nur partiell sicher. In Nagoya wurden viele Magnetminen, die amerikanische U-Boote und japanische Truppen gelegt hatten, niemals gefunden, obwohl Räumschiffe 1900 Arbeitstage auf die Suche verwendeten. Und dabei ging es nur um die Minen, die dicht vor der Küste Japans lagen.

Acht amerikanische Schiffe liefen während der Räumoperationen auf Minen, doch nur eines sank: die *Minivet*, die am 29. Dezember 1945 mit einem Offizier und 30 Mann unterging. Im November war bereits das japanische Schiff *Daito Maru* nach der Kollision mit einer Mine vor Tsushima gesunken.

Die Japaner schätzten, daß sie zwischen Formosa und der Tsugara- und La-Perouse-Straße 5100 Minen verlegt hatten. Davon wurden mindestens 39 000 nicht geräumt. Viele lösten sich von ihrer Verankerung und wurden von den Meeresströmen verdriftet. Zu Beginn des Zweiten Weltkriegs hatten die Japaner diese Ankertauminen mit einem Mechanismus versehen, der bei einem Riß des Haltetaus die Sprengladung entschärfte. Doch als sich der Krieg seinem Ende näherte, verzichtete man auf diese Vorrichtungen – sie waren nicht besonders funktionstüchtig, und außerdem hatten die Japaner jetzt andere Sorgen. Gut die Hälfte aller japanischen Ankertauminen, die sich losgerissen hatten, galten als scharf und gefährlich.

Die größte Gefahr unter Wasser ging jedoch von den Druckminen aus. Sie schwebten dicht unter dem Meeresspiegel und wurden ausgelöst, wenn sich durch ein darüber hinwegfahrendes großes Schiff der Wasserdruck veränderte. Als die Russen die Küsten Chinas und Koreas räumten, fragten sie die Amerikaner um Rat, wie mit Druckminen zu verfahren sei. Admiral Sharp, der Leiter der Minenräumaktion, gab die ehrliche Antwort, daß er das auch nicht wisse. Die einzig zuverlässige Methode besteht tatsächlich darin, daß man den Druckzünder auslöst, indem man mit einem Schiff über die Mine hinwegfährt. Das ist freilich ein sehr kostspieliges Verfahren, und so beschlossen die Amerikaner, daß die Minen altern und sich selbst unschädlich machen sollten.

Doch Treibminen, so alt sie auch sein mögen, bleiben gefährlich. Bis zum Juli 1948 sind 251 Schiffe aller Nationalitäten im Atlantik und Pazifik auf Minen gelaufen; 116 sanken oder erlitten einen Totalschaden. Vermutlich treiben noch immer einige scharfe Minen unerkannt im Drachendreieck, wo ursprünglich so viele verlegt worden sind. Deshalb ist es möglich, wenngleich nicht sehr wahrscheinlich, daß das eine oder andere verschollene Schiff von einer Mine in die Luft gesprengt worden ist.

Noch abwegiger, aber theoretisch vorstellbar ist die Annahme, daß ein abgesunkenes Wrack unverhofft an oder unmittelbar unter die Wasseroberfläche aufsteigt. Als eine Art künstliches Riff könnte es für jedes Schiff, das es nichtsahnend rammt, eine ernste Gefahr darstellen. Wir haben zwar keinen Beweis dafür, daß Schiffe im Drachendreieck mit solchen Geisterschiffen kollidiert sind, aber damit ließen sich vielleicht einige wenige Fälle von spurlos verschwundenen Schiffen erklären.

Man hat in den letzten Jahren umfangreiche Nachforschungen angestellt, um zu ergründen, warum im Zeitalter der Hochtechnologie, der Satellitennavigation und der verbesserten Kommunikationstechnik noch immer große Schiffe einfach verschwinden können, und zwar, wie es der Marineschriftsteller Francis Cooper formuliert hat, »so geheimnisvoll und so vollständig, als habe sie der Erdboden verschluckt«.

Das Drachendreieck hat überproportional viele mysteriöse und unerklärliche Schiffskatastrophen erlebt. Selbst wenn man die ungewöhnliche Vulkantätigkeit und die häufig auftretenden heftigen Stürme bedenkt, die todbringende Flutwellen erzeugen, bleiben allzu viele Unglücksfälle ungeklärt. Es hat fast den Anschein, als gebe es im Drachendreieck einen »Geister-Tsunami«, der seine Opfer mit einem Donnergrollen vorwarnt. Zu viele Menschen haben es gehört. Zu viele Sender haben in den kritischen Minuten versagt, und zu wenige überfällige Schiffe sind entdeckt worden, um Kunde von ihrem Schicksal zu geben.

Die atmosphärischen, ozeanographischen und seismischen Besonderheiten des Drachendreiecks scheinen den Mythos zu bestätigen, daß sich hier tatsächlich ein Drachennest befindet – eine Gefahrenzone für die Seefahrt und eine erbarmungslose Fallgrube für die arglosen Opfer.

4
Flugzeuge, die niemals landeten

Mit dem Zweiten Weltkrieg begann der dichte Flugverkehr über dem Drachendreieck, nämlich mit den alliierten Luftangriffen auf Japan. Sie setzten allerdings erst 1944 ein, weil die Alliierten bis dahin keine Langstreckenbomber besaßen, die die schweren Bombenlasten fast 5000 Kilometer weit hätten befördern können. Mit der B-29 Superfortress stand ihnen schließlich ein geeignetes Fluggerät zur Verfügung. Diese Maschinen waren jedoch eine Neuentwicklung, so daß Anfangsschwierigkeiten die Operationen beeinträchtigten.

Der ursprüngliche Plan sah vor, die B-29 in einer Höhe von etwa 10000 Metern operieren zu lassen. Doch der starke Wind in diesen Höhen sowie die Vereisung von Instrumenten und Motoren waren die Ursache für steigende Verlustzahlen nach dem ersten Bombenangriff im Juni 1944. Die Bomber waren zunächst im östlichen China stationiert, und ihre Angriffe waren gleichwohl so erfolgreich, daß die japanischen Streitkräfte zu einer Großoffensive gezwungen wurden, um die Flugplätze zu zerstören. Die Japaner erreichten zwar ihr Ziel, aber die Amerikaner hatten unterdessen neue Basen auf den Marianeninseln angelegt. Schon bald flogen 20 Bomberflotten, die auf Saipan und Tinian stationiert waren, Tag- und Nachteinsätze über Japan und legten städtische Regionen mit einer Gesamtfläche von über 400 Quadratkilometern in Schutt und Asche.

Man beachte, daß Tinian und Saipan eine Ecke des Drachendreiecks markieren. Wir werden niemals erfahren, ob die seltsamen Phänomene des Dreiecks für die Verluste der Alliierten verantwortlich sind, da sie in der Statistik der Unfälle und Abschüsse nicht auftauchen. Ein weiterer merkwürdiger Aspekt dieser großangelegten militärischen Operation ist ein Phänomen, dem man den Namen »Foo-fighters« gegeben hat – rätselhafte Lichtkugeln, die die alliierten Bomber auf dem Weg nach Japan verfolgten (siehe Kapitel 8).

Die alliierte Bomberoffensive ist auch eindeutig verantwortlich zu machen für einen – bereits erwähnten – mysteriösen Luftzwischenfall im Drachendreieck. Die B-29-Bomber brauchten für ihre Einsätze Geleitschutz durch Jagdflugzeuge, und das bedeutete, daß man eine Basis benötigte, die in größerer Nähe der japanischen Hauptinseln lag. Dafür kam allein Iwo Jima in Frage, eine schwerverteidigte Insel mit drei Landebahnen und 22 000 Soldaten. Mindestens 50 Flugzeuge verloren die Japaner in den Kampfhandlungen, hauptsächlich durch Kamikaze-Einsätze. Doch schon vor dem Beginn der eigentlichen Schlacht verschwand eine japanische Maschine unter rätselhaften Umständen.

So wie die Amerikaner Catalina-Flugboote für Patrouillenflüge und zur Bekämpfung von Unterseebooten verwendeten, setzten die japanischen Streitkräfte zur Erkundung des Luftraums Flugboote vom Typ Kawanishi HK-8 ein. Eine solche Maschine befand sich vor Iwo Jima auf einem Patrouillenflug.

In jenen letzten Kriegstagen besaßen die Alliierten vielfach die Luftüberlegenheit, allen japanischen Angriffen zum Trotz. Amerikanische Bomber hatten bereits die Landepisten auf Iwo Jima attackiert, um die fällige Invasion vorzubereiten. Das Flugboot hielt sich bereit, jeden Eindringling in den Luftraum der Insel zu erfassen und zu melden.

Als jedoch der Pilot der Kawanishi Funkkontakt mit seiner Bodenstation aufnahm, übermittelte er eine ungewöhnliche Nachricht. Shiro Kawamoto, der Kommodore eines Jagdgeschwaders, konnte sich noch Jahre nach Kriegsende an den Wortlaut erinnern. Als er den Funkspruch empfing, kam er ihm sonderbar vor, denn er bezog sich nicht auf irgendwelche Aktivitäten des Feindes, sondern auf etwas, das der Pilot der Kawanishi selbst erlebte. Dessen Stimme klang konfus und unsicher, als er berichtete: »Am Himmel passiert irgend etwas … der Himmel tut sich auf.« Hier brach die Verbindung plötzlich ab.

Der amerikanische Angriff auf Iwo Jima lag zwar in der Luft, aber am Abend des Kawanishi-Zwischenfalls war es auf beiden Seiten ruhig.

Die Funkmeldung, in der von höchst ungewöhnlichen Vorgängen die Rede ist, die sich am Himmel abspielten, fand nie eine richtige Erklärung – und auch das Flugboot, sein Pilot und seine Besatzung wurden nie gefunden. Über dem Drachendreieck und in seinem Umkreis sind seither zahlreiche Flugzeuge verschwunden, und zwar in Friedenszeiten und gewöhnlich bei schönem Wetter.

Daß sowohl im Bermuda- als auch im Drachendreieck kleinere Schiffe, die Schmuggel betreiben, verschwinden und wieder auftauchen, ist nichts Ungewöhnliches. Ein Schiff verschwindet infolge einer Entführung oder Falschmeldung und kommt dann mit veränderten Aufbauten, die seine Identität verschleiern, wieder zum Vorschein.

Im Drachendreieck ist der Drogenhandel nicht mehr so gewinnträchtig und weit verbreitet wie früher, bevor auf dem chinesischen Festland eine zweite Verurteilung wegen Drogengebrauchs oder -verkaufs die Todesstrafe nach sich zog.

Im Bermudadreieck hingegen ist der Drogenschmuggel per Schiff nach wie vor ein florierendes und immer schwerer zu kontrollierendes Gewerbe.

Der Drogenschmuggel per Luft könnte die Erklärung dafür sein, daß so viele Kleinflugzeuge auf dem Boden des Flachwassers rings um die Bahamas ruhen. Das ungewöhnliche an diesen Wracks ist, daß die betreffenden Flugzeuge nicht als vermißt gemeldet werden. Die Wracks sind jedoch in der Nähe von Flugplätzen oder im seichten Wasser deutlich zu sehen. Hin und wieder muß ein nicht identifiziertes Flugzeugwrack von einer Piste geschleppt werden, wo es gelandet war, als niemand zuschaute und als der Flugplatz eigentlich geschlossen war.

Diese Absonderlichkeit ist leicht zu erklären. Drogenschmuggler nehmen ihre Fracht beispielsweise in Kolumbien an Bord ihrer Maschine und laden sie dann in schnelle Motorboote um, die sie leichter zu den kleinen Inseln und abgelegenen Buchten Südfloridas befördern können. Das Flugzeug wird versenkt oder zerstört oder einfach aufgegeben – kein großer Verlust für die Drogenmafia, wenn man den Wert der transferierten Ladung bedenkt.

Aber die Flugzeuge, die im Drachendreieck verschollen sind, hatten mit Schmuggel zumeist nichts zu tun. Zu ihnen gehören große Militärmaschinen, die viele Mann an Bord hatten, ebenso wie Suchflugzeuge, die nach überfälligen Frachtschiffen Ausschau hielten. Diese Flugzeuge verschwanden, während sie bei klarem Himmel und gutem Flugwetter ihre Einsätze flogen. Die Funkgespräche mit einigen der Maschinen, die wenig später verschwanden, deuten nicht darauf hin, daß mit dem Himmel, dem Meer, dem Wetter oder der Technik irgend etwas nicht in Ordnung gewesen wäre.

Am 12. März 1957 verschwand eine KB-50 (die Tankerversion der B-29) mit ihrer achtköpfigen Besatzung bei gutem Wetter auf einem Flug von Japan zur Wake-Insel. Sie funkte kein Notsignal, und die Luftaufklärung entdeckte keine Spur der Maschine und der Insassen. Ein JD-1 Invader der US-Navy verschwand am 16. März 1957 auf einem Routineflug von Japan nach Okinawa. Die Wetterbedingungen waren normal. Auch diesmal erfolgte kein SOS-Ruf. In einer ausgedehnten Suchaktion wurden weder das Wrack noch Mitglieder der Besatzung entdeckt. Am 22. März 1957 verschwand eine amerikanische Transportmaschine des Typs C-97 mit 67 Soldaten an Bord, als sie südöstlich von Japan zum Landeanflug ansetzte.

Die letzte Funkmeldung wurde etwa 300 Kilometer von Tokio entfernt durchgegeben, und sie besagte, daß es keinerlei Probleme gebe und daß die Flugbedingungen gut seien. Danach hat man von der Maschine nie wieder etwas gehört – weder damals noch später. Eine neuntägige Such- und Rettungsoperation in der Luft und zur See wurde eingeleitet, die Tausende von Quadratkilometern Ozeanfläche erfaßte. Doch sie zeitigte keine Spur der C-97, der Passagiere oder deren Besatzung.

Bemerkenswert ist, daß diese drei Flugzeuge innerhalb von zehn Tagen verschollen sind – eine Luftfahrttragödie in Friedenszeiten, die vergleichbar ist mit einem der berühmtesten Rätsel des Bermudadreiecks, dem Verschwinden der Staffel 19.

Am 5. Dezember 1945 starteten die fünf Avenger-Torpedobomber der Staffel 19 auf dem Marineflughafen von Fort Lauderdale in Florida zu einer routinemäßigen Navigationsübung. 14 Marinesoldaten stiegen in die Luft und wurden nie wieder gesehen. Nach zwei Stunden Flugzeit teilte Leutnant Charles C. Taylor, der Leiter des Unternehmens, dem Kontrollturm in Fort Lauderdale in einem Notruf mit, daß sich die gesamte Staffel verfranzt habe. Obwohl die Flugbedingungen befriedigend bis gut waren, funkte Taylor: »Alles geht schief … seltsam. Wir haben jede Orientierung verloren.

Oben: Am 12. März 1957 verschwand eine KB-50 der amerikanischen Luftwaffe auf dem Flug zwischen der Insel Wake und Japan ohne jede Spur. Diese Boeing TB-50D ist eine Trainingsmaschine derselben Klasse, der auch das verschollene Tankflugzeug angehörte

Unten: Der C-97 Stratofreighter war die Transporterausführung dieses Boeing-Tankflugzeugs des Typs KC-97-G. Er hatte eine Nutzlast von rund 20 000 und eine Tragfähigkeit von etwa 25 000 Kilo und konnte 134 Soldaten mit voller Ausrüstung oder 2 Panzer aufnehmen. Am 22. März 1957 verschwand dieser aerodynamische Riese vor der japanischen Südostküste. Wrackteile wurden nie gefunden (Fotos: Jane's All the World Aircraft, Jane's Publishing Co., Ltd., London)

Selbst der Ozean sieht anders aus, als er sollte.« Eine halbe Stunde später brach die Funkverbindung ab.

Ein Rettungsflugzeug, ein Flugboot vom Typ Martin Mariner PBM, nahm Kurs auf die vermutlich letzte Position der Staffel 19. Die mit 13 Mann besetzte Maschine meldete die Ankunft im Zielgebiet und gab noch eine weitere Positionsmeldung durch. Dann verschwand sie ebenfalls. Sechs Flugzeuge und 27 Männer waren verschollen, »als wären sie zum Mars geflogen«, wie es ein Marineoffizier ausdrückte.

Die Tragödie des Jahres 1957 im Drachendreieck forderte zwar nur drei Flugzeuge, aber 80 Menschenleben. Die kurze Zeitspanne, in der vor Japan drei Maschinen verlorengingen, ist als »Alptraummonat« in die Geschichte der Luftfahrt eingegangen.

Im selben Monat, am 19. März 1957, verschwand der philippinische Präsident Ramón Magsaysay, zusammen mit 24 Mitarbeitern und Besatzungsmitgliedern auf einem Flug in der Nähe von Cebu, was den Verdacht nahelegt, daß ein ausgedehntes Gebiet längs der großen Tiefseegräben zwischen Japan und den Philippinen damals von einer abnormen Luftströmung oder von einem »Himmelsbeben« heimgesucht worden ist. Auch diesmal wurden in einer gründlichen Suchaktion keine Überlebenden gefunden.

Auch vor und nach dem »Alptraummonat« sind im Drachendreieck Flugzeuge verschwunden, so zum Beispiel ein zweimotoriger F-3B-Allwetterjäger der amerikanischen Luftwaffe. Die Düsenmaschine stieg vom Luftwaffenstützpunkt Atsugi auf und verschwand, nachdem sie eine Flughöhe von etwa 5000 Metern erreicht hatte. Eine sofort eingeleitete Suche, an der mehrere hundert Flugzeuge und Schiffe beteiligt waren, blieb völlig ergebnislos. Ein weiterer Zwischenfall in Flugplatznähe ereignete sich bei einer P2V-7 der japanischen Seeverteidigungsstreitkräfte, einem Unterseeboot-Suchflugzeug mit einer Spannweite von 30 Metern. Diese Maschine stieg am

Nach dem Abheben auf dem Militärflughafen von Atsugi am 26. Juni 1955 verschwand der Prototyp F-3B auf einem Testflug, ohne Spuren oder ein Notsignal zu hinterlassen. Diese Douglas F3D-2 »Skynight«, ein zweisitziger Allwetterjäger, ist eine der ersten einsatzfähigen Maschinen des Typs F-3B (Foto: Jane's All the World Aircraft, Jane's Publishing Co., Ltd., London)

27. April 1971 mit einer achtköpfigen Besatzung zu einem Nachtübungsflug auf. Sie mußte wegen schlechten Wetters umkehren und bat über Funk um Landeerlaubnis. Doch sie ist nie gelandet und wurde auch nie gefunden. Zwei Monate später, am 23. Juni, verschwand ein einsitziges IM-1-Trainingsflugzeug im Drachendreieck, ohne daß die Untersuchungsbehörde den Vorfall klären konnte.

Eine C-130 der amerikanischen Luftwaffe ging am 10. April 1970 mit einer neunköpfigen Besatzung 30 Kilometer südwestlich von Okinawa verloren. (Eine C-130 und eine KB-50 stehen übrigens auch auf der Verlustliste des Bermudadreiecks.)

Zu den kleineren Flugzeugen, die dem Drachendreieck zum Opfer fielen, gehörte die JA-341, die ein ähnliches Schicksal erlitt wie das Rettungsflugzeug, das während der Suche nach der überfälligen Staffel 19 verschwand. Die JA-341 verschwand, als sie den Untergang der *California Maru* für die Presse dokumentieren wollte. Es scheint fast so zu sein, daß bestimmte Seegebiete zu bestimmten Zeiten infolge der Wetterverhältnisse, der tektonischen Aktivitäten oder aus anderen Gründen extrem gefährlich werden, nicht nur für die unmittelbar betroffenen Schiffe und Flugzeuge, sondern auch für die Rettungsfahrzeuge.

In der Frühzeit der Luftfahrt flogen die Piloten oft »mit dem Hosenboden« und verließen sich so wenig wie möglich auf ihre primitiven Chronometer oder ihre störanfälligen Kreiselkompasse. Beim Überfliegen des weiten Pazifiks, in dem kleine Inseln als Landeplätze angesteuert werden mußten, konnte dies leicht in einer Katastrophe enden.

In den heutigen Düsenmaschinen mit ihren superraffinierten Ortungs- und Steuerungsinstrumenten ist der Pilot ganz und gar auf seine Geräte angewiesen – und das Desaster bleibt nicht aus, falls sich diese Instrumente einmal als unzuverlässig erweisen.

Man erinnere sich nur an den KAL-Flug 007, eine koreanische Passagiermaschine, die am 11. September 1983 über dem Pazifik heimflog. Obwohl sie für die Navigation mit VOR, ADF, Omega und LORAN hervorragend ausgerüstet war, kam sie vom Kurs ab und drang in den sowjetischen Luftraum ein. Das hatte fatale Folgen. Sowjetische Militärmaschinen schossen das Flugzeug ab, und 269 Passagiere und Besatzungsmitglieder starben. Die Sowjets gaben den Angriff zu, den sie für gerechtfertigt hielten, da sie die KAL 007 automatisch als ein potentielles Feindflugzeug oder zumindest als ein Spionageflugzeug betrachteten, das eine Sperrzone durchflog.

Daß der Pilot sich auf das Territorium der UdSSR verirrte, könnte damit zusammenhängen, daß der Kompaß falsch anzeigte und es versäumt wurde, unverzüglich andere Kontrollinstrumente einzuschalten. Es ist allgemein bekannt, daß in bestimmten Regionen ein Kompaß durch isogonische Feldlinien beeinflußt werden kann, woraufhin der Pilot die Kompaßweisung korrigieren muß, um die genaue Nord-Süd-Richtung zu ermitteln.

Die Gebiete des Bermuda- und des Drachendreiecks, die so viele physikalische Anomalien, magnetische Unregelmäßigkeiten und seismische und vulkanische Aktivitäten gemeinsam haben, stimmen auch darin überein, daß sich hier der Verlauf der Isogone verschiebt. Möglicherweise wurde die Tragödie von KAL 007 aber auch durch einen zeitweiligen Feldlinienwechsel heraufbeschworen, wie ihn schon viele Piloten in beiden Dreiecken festgestellt haben. In diesem Fall erfolgte der Wechsel allerdings allzu nahe der »falschen« Grenze.

Ein anderer Pilot, der das Risiko der Instrumentenabhängigkeit am eigenen Leib erfahren mußte, war der verstorbene Entertainer Arthur Godfrey, ein bekannter Hobbyflieger. Als er mit seinem zweistrahligen Privatjet um die Welt flog, erlebte er östlich von Japan – im Drachendreieck – eine Störung der elektronischen Systeme. Seine Bordinstrumente einschließlich der Kompasse, des Kraftstoffanzeigers und des Senders fielen urplötzlich aus. Da der Kraftstoff nur noch für drei Flugstunden reichte, navigierte Godfrey nach der Sonne, so gut er konnte. Nach einer Stunde jedoch begannen die Instrumente unverhofft wieder zu arbeiten, auf ebenso unerklärliche Weise, wie sie ihren Dienst versagt hatten. Godfrey stellte fest, daß er nicht nur weit vom Kurs abgekommen war, sondern auch eine halbe Stunde verloren hatte, wie ihm der Vergleich seiner Uhr mit der Radiozeit bewies.

Diese Zeitverschiebung könnte vielleicht auch die Erfahrung eines Piloten erklären, der Ivan Sanderson von einer merkwürdigen Anomalie berichtete, als dieser Erkundigungen über rätselhafte Vorgänge in bestimmten Meeresgebieten einzog. Auf einem Flug nach Guam mit einer alten Propellermaschine schaffte der Pilot 560 Kilometer in einer Stunde, also etwa 320 Kilometer mehr, als das Flugzeug eigentlich zu leisten vermochte – und das ohne Rückenwindunterstützung!

Wie Arthur Godfrey haben auch andere Piloten über dem Drachendreieck einen Bereich mit totalem Funkblackout kennengelernt. Der Ausfall dauerte jeweils bis zu anderthalb Stunden, nach deren Ablauf die Instrumente plötzlich wieder normal funktionierten.

Ein anderes, allgemeineres Problem könnte gleichfalls als Erklärung für einige Flugzeugunfälle der letzten Jahre herhalten: die Windabscherung.

Obwohl die Luftfahrtindustrie die Gefährlichkeit von starken Fallwinden seit langem kennt, machte die breite Öffentlichkeit erst 1975 Bekanntschaft mit dem Begriff »Scherwind«. Am 24. Juni des genannten Jahres setzte eine Boeing 727 der Eastern Airlines bei der Landung auf dem New Yorker John F. Kennedy Airport zu kurz auf der Landebahn 22L auf – fast 600 Meter zu kurz –, was 112 der 124 Insassen der Maschine mit dem Leben bezahlen mußten.

Der Begriff wurde allgemein bekannt, als eine 727 der Pan-Am am 9. Juli 1982 kurz nach dem Abheben vom Flughafen New Orleans verunglückte: 159 Tote und neun Verletzte. Acht dieser Todesfälle ereigneten sich in einem nahen Wohnviertel.

Im Jahre 1985 verhalf der Absturz einer Delta-Düsenmaschine des Typs L-1011 auf den Flughafen Dallas-Fort Worth dem »Scherwind« zu einem solchen Bekanntheitsgrad, daß in den Medien die Frage gestellt wurde, ob dieses Naturphänomen nicht für alle Flugzeugunfälle verantwortlich zu machen sei.

Im Grunde ist ein Scherwind eine jähe starke Bö in Vertikalrichtung, sozusagen ein nach oben oder unten ausgerichteter Seitenwind. Der bekannte Meteorologe Dr. Tetsuya Theodore Fujita begann sich mit diesem Phänomen zu befassen, nachdem ihm auf Luftaufnahmen von Waldgebieten, die ein gewaltiger Tornado im April 1974 bei Beckley in West Virginia niedergewalzt hatte, merkwürdige Musterbildungen aufgefallen waren. Auf einigen Fotos waren Hunderte von Bäumen nicht wie gewöhnlich durcheinandergewirbelt, sondern wie bei einem explodierenden Stern nach unten und außen geschleudert worden. Die Bäume im Zentrum des Sternmusters waren flachgelegt oder entwurzelt und mit Erdreich bedeckt. Daraus ließ sich schließen, daß ein heftiger Luftstrahl die Mitte des Sterns mit voller Wucht getroffen hatte, dann vom Boden abprallte und sich horizontal nach außen verteilte.

Mit Hilfe dieses Modells versuchte Dr. Fujita den Absturz der Eastern-Airlines-Maschine im Jahre 1975 zu erklären. Die 727 war von einem ähnlichen sternförmigen Windstoß getroffen worden, der sie buchstäblich zu Boden schleuderte. Die Böen waren so stark, daß sie eine Düsenmaschine in der Luft aus der Bahn bringen konnten, aber gleichzeitig so lokal begrenzt, daß sie von den Anemometern des Flughafens nicht erfaßt wurden. Dr. Fujita bezeichnete das Phänomen als »Downburst« und leitete daraus weitere Größenabstufungen ab: Der »Macroburst« breitet sich mehr als 4 Kilometer weit aus, erreicht eine Windgeschwindigkeit von 215 Stundenkilometern und verursacht weitgestreut tornadoähnliche Schäden; der »Microburst« bleibt hingegen in der 4-Kilometer-Zone, hat aber eine noch größere Kraft (Geschwindigkeiten bis 270 Stundenkilometer).

Dr. Fujita führt diese Downbursts auf Wirbelstürme zurück; doch im Unterschied zu einem Tornado, dessen Windschlauch mehr oder weniger senkrecht zur Erdoberfläche absteigt, bleiben die Windwirbel eines Downburst waagerecht am Boden. Sie beginnen als wulstförmiger Ring aus wirbelnden Luftmassen und ziehen in einem vertikalen Sturm die Luft nach unten. Wenn sich der Wirbelring ausdehnt, reißt er schließlich, und die einzelnen Abschnitte streben gleich unsichtbaren Riesendampfwalzen auseinander und richten weitere Verheerungen an.

Die Scherwinde hat man ursprünglich nur mit den Konvektionsströmen bei Gewitterstürmen in Verbindung gebracht. In Feldstudien konnte Dr. Fujita zwischen 1978 und 1982 jedoch die Existenz sowohl von nassen als auch von trockenen Downbursts nachweisen. In einem Zeitraum von 86 Tagen registrierte das Forschungsradar über dem Stapleton Airport von Denver 155 trockene Microbursts – 83 Prozent der insgesamt 186 Bursts. Das bedeutet, daß ein niedrig fliegendes Flugzeug selbst bei schönem Wetter blitzschnell vom Himmel heruntergewirbelt werden kann.

Wie schnell ein Scherwind-Überfall ein Flugzeug in Gefahr bringen kann, bezeugt die nachstehende Transkription des Flugschreibers von Delta-Flug 191 beim Anflug auf Dallas-Fort Worth.

Man muß dabei beachten, daß die Crew über die Schlechtwetterlage in der Gegend informiert und deshalb auf der Hut war. (Die Gespräche innerhalb des Cockpits sind *kursiv* gesetzt.)

DELTA 191, ERSTER OFFIZIER: »*Unsere Maschine bekommt eine Dusche ab.*«

DELTA 191, ERSTER KAPITÄN: »*Was ist los?*«

DELTA 191, ERSTER OFFIZIER: »*Wir bekommen eine Dusche ab.*«

DELTA 191, KAPITÄN: »Anflugkontrolle, Delta 191, 5 Meilen vor Ihnen.«

ANFLUGKONTROLLE: »191 wird erwartet auf Landebahn 17 links.«

DELTA 191, ERSTER OFFIZIER: »Danke, Sir.«

ANFLUGKONTROLLE: »Delta 191, fliegen Sie Steuerkurs 350 Grad.«

DELTA 191, KAPITÄN: »Verstanden.«

ANFLUGKONTROLLE: »American 351, sehen Sie schon die Landebahn?«

AMERICAN 351: »Erst wenn wir aus diesem Regenschauer raus sind.«

ANFLUGKONTROLLE: »Okay, 351, Sie sind vier Meilen vor dem Landepunkt, stellen Sie sich bei oder über 2300 (Fuß) auf Leitstrahlbake ein, frei zum ILS [Instrumenten-Lande-System] auf Landebahn 17 links.«

AMERICAN 351: »191, vermindern Sie die Geschwindigkeit auf 170 [Knoten], drehen Sie nach links auf 270 [Grad].«

ANFLUGKONTROLLE: »Freigegeben ILS, American 351.«

DELTA 191, KAPITÄN: »Verstanden.«

ANFLUGKONTROLLE: »Five Juliet Foxtrot, drehen Sie nach links auf 190.«

5JF: »Drehe nach links auf 190.«

ANFLUGKONTROLLE: »Five Juliet Foxtrot, erhöhen Sie Geschwindigkeit auf 170 Knoten, halten Sie die bis zur Markierung bei, Sie sind noch 5 Meilen davon entfernt, stellen Sie sich bei oder über 3000 [Fuß] auf Leitstrahlbake ein, frei zum ILS-Anflug Landebahn 17 links.«

5JF: »Freigegeben zum Anflug auf 17 links, verstanden, wir sind auf Kurs 190.«

ANFLUGKONTROLLE: »Delta 191, drehen Sie nach links auf 240, beginnen Sie mit dem Sinkflug, und bleiben Sie auf 3000.«

DELTA 191, KAPITÄN: »191 auf 240.«

ANFLUGKONTROLLE: »American 351, schalten Sie auf Kontrollturm 126,55 [Frequenz].«

ANFLUGKONTROLLE: »Five Juliet Foxtrot ist 4 Meilen vor der Markierung, behalten Sie eine Geschwindigkeit von 170 oder mehr bis dort bei, Sie sind freigegeben ILS 17 links, schalten Sie auf Kontrollturm 126,55.«

AMERICAN 351: »Wiedersehen!«

5JF: »126,95. Guten Tag!«

ANFLUGKONTROLLE: »Nein, 126,55.«

5JF: »126,55. Guten Tag!«

ANFLUGKONTROLLE: »Delta 191 ist sechs Meilen vor der Markierung, drehen Sie weiter nach links auf 180, stellen Sie sich bei oder über 2300 auf Leitstrahl ein, frei für ILS-Anflug auf Landebahn 17 links.«

DELTA 191, KAPITÄN: »Delta 191, alles verstanden, sehr verbunden!«

ANFLUGKONTROLLE: »Delta 191, vermindern Sie bitte Ihre Geschwindigkeit auf 160.«

DELTA 191, KAPITÄN: »Mit Vergnügen.«

DELTA 191, KAPITÄN: »*160.*«

DELTA 191, ERSTER OFFIZIER: »*In Ordnung.*«

DELTA 191, KAPITÄN: »Leitstrahl und Gleitbahn erreicht … 160 ist also Ihre Geschwindigkeit.«

ANFLUGKONTROLLE: »Und wir bekommen etwas Wind aus wechselnden Richtungen wegen eines Regenschauers vor dem Nordende des Flughafens.«

DELTA 191, NICHT IDENTIFIZIERTES BESATZUNGSMIT-GLIED: »*Der Dreck kommt auf uns zu …*«

DELTA 191, KAPITÄN: »*Die Geschwindigkeit ist 160.*«

ANFLUGKONTROLLE: »Delta 191, vermindern Sie Geschwindigkeit auf 150, schalten Sie auf Kontrollturm 126,55.«

DELTA 191, KAPITÄN: »126,55, einen schönen Tag noch, wir wissen Ihre Hilfe zu schätzen.«

DELTA 191, KAPITÄN: »Kontrollturm, hier Delta 191, draußen im Regen, doch es geht ihr gut.«

KONTROLLTURM: »Delta 191, Regionalturm, 17 links, frei zur Landung, Wind aus 90 [Grad] mit 5 [Knoten], Böen bis 15.«

DELTA 191, KAPITÄN: »Danke, Sir.«

KONTROLLTURM: »American 351, drehen Sie noch einmal auf, reihen Sie sich hinter Delta ein, und bleiben Sie auf dieser Frequenz.« [Diese Mitteilung betraf die Maschine der American Airlines, die gerade auf Landebahn 17 aufgesetzt hatte.]

AMERICAN 351: »Hier 351.«

DELTA 191, ERSTER OFFIZIER: »*Da vorne blitzt es.*«

DELTA 191, KAPITÄN: »*Wo?*«

DELTA 191, ERSTER OFFIZIER: »*Direkt vor uns.*«

DELTA 191, FLUGINGENIEUR: »*Sie sind doch gut zu Fuß, oder?*«

DELTA 191, KAPITÄN: »*Eintausend Fuß ... 762 auf dem Höhenmesser ... Ich melde das für Sie.*«

DELTA 191, ERSTER OFFIZIER: »*In Ordnung.*«

DELTA 191, KAPITÄN: »*Achten Sie auf Ihre Geschwindigkeit ... Sie fallen ganz plötzlich ab, schon passiert ... ziehen Sie die Maschine hoch, hoch ... weiter ... weiter ... ja, so ... halten Sie durch.*«

ANFLUGALARMANLAGE: »Whoop, whoop, hochziehen.«

KONTROLLTURM: »Five Juliet Foxtrot, können Sie – äh – wir dirigieren Sie zum – äh – Haltepunkt 31, und dann eine Kehre nach rechts, weg vom Verkehr.« [Diese Anweisungen galten dem Geschäftsreisejet, der soeben gelandet war.]

Das Anflugalarmsystem an Bord der Delta-Maschine ertönte weiter. Eine Alarmmeldung wurde aufgezeichnet, dann noch eine weitere. Der Tower versuchte der Maschine mitzuteilen, sie solle durchstarten und einen zweiten Landeanflug unternehmen, aber der Absturz hatte bereits begonnen. Die Katastrophe geschah so schnell, daß die Antwort der Crew in der Transkription nur vier Zeilen füllt, was einer Zeit von etwa zehn Sekunden entspricht – sie reichte nicht aus, das Desaster zu verhindern.

Dr. Fujitas Untersuchungen haben ergeben, daß Downbursts nicht nur für Flugzeuge, sondern auch für Überwasserschiffe gefährlich sind. In seinem Buch *The Downburst: Microburst and Macroburst* berichtet er von einem Heckraddampfer, der infolge eines Microburst-Fallwindes kenterte. Der Zwischenfall ereignete sich am 7. Juli 1984 auf dem Tennessee River unweit der Anlegestelle Ditto.

Das Doppeldeckerschiff war ungefähr 30 Meter lang, über 6 Meter breit und 8 Meter hoch und hatte 18 Personen an Bord. Um 11.20 Uhr brach ein Gewitter los, begleitet von heftigen Westwinden, die in wenigen Minuten immer stärker wurden und schließlich Geschwindigkeiten von 90 bis 107 Stundenkilometern erreichten – also fast ein Hurrikan. Der Kapitän drehte das Schiff in den Wind, der plötzlich um 90 Grad umzuschlagen schien. Eine kräftige Bö traf den Raddampfer breitseits, und er kenterte. Elf Menschen verloren ihr Leben, und zwei weitere wurden verletzt.

Ein Anemometer in der Nähe registrierte zu der Zeit Windgeschwindigkeiten von mehr als 110 Stundenkilometern; diese Werte betrafen allerdings einen anderen Microburst, der in der Gegend niederging. Indem Dr. Fujita die Sturmschäden auf einer Landkarte einzeichnete, konnte er die Windrichtungen bestimmen. Es stellte sich heraus, daß neben einem großen Macroburst-Sturm drei Microbursts das Gebiet heimgesucht hatten. Als der Kapitän sein Schiff in die heftigen Winde des Macroburst drehte, entwickelte sich südlich von seinem Standort ein Microburst-Fallwind. Wahrscheinlich hat der expandierende Wirbelring den Dampfer zum Kentern gebracht.

Das Phänomen der Scherwinde ist nicht nur auf die Zone unmittelbar über dem Erdboden beschränkt. Man hat es auch ziemlich hoch in der Luft nachgewiesen. In der Ära der Propellerflugzeuge glaubte man, man könne Unwettern oder Turbulenzen aus dem Weg gehen, wenn man nur hoch genug fliege. Als dann mit dem Aufkommen der Düsenmaschinen Flüge in großen Höhen die Norm wurden, entdeckte man,

Die Kawasaki P-2J, ursprüngliche Nato-Bezeichnung P-2V, war ein Unterseebootjäger, ein Nachbau der Lockheed P2-V. Wie ist es möglich, daß eine so aufwendige Maschine, ausgerüstet mit Suchradar und Warnsystemen, einfach verschwindet, ohne einen Notruf abzusetzen? Doch so geschah es am 16. Juli 1971 im Drachendreieck (Foto: Jane's All the World Aircraft, Jane's Publishing Co., Ltd., London)

daß die Luft dort oben nicht sanfter wird – und daß Turbulenzen sogar bei klarem Wetter auftreten können.

»Schönwetterturbulenz«, im Englischen *clear air turbulence* (CAT), wurde vom National Committee for Clear Air Turbulence 1966 offiziell definiert als »jegliche Turbulenz in der für die Luftfahrt interessanten freien Atmosphäre, die nicht in oder in der Nähe von sichtbarer Konvektionswolkenbildung (Kumuluswolken) auftritt. Das gilt auch für Turbulenzen, die in Zirruswolken auftreten, nicht in oder in der Nähe von Konvektionswolken.« In der Sprache des Laien bedeutet dies, daß man unter CAT alle Turbulenzen versteht, die nicht im Zusammenhang stehen mit den Wirbelwinden von sturmträchtigen Haufenwolken (die als Brutstätten von Tornados berüchtigt sind).

Luftwirbel können auch in klarer Luft oder in feinen Schönwetter-Zirruswolken entstehen. Diese Windscherung macht sich als plötzlicher Auf- und Fallwind bemerkbar, der ein Flugzeug ganz schön durcheinanderrütteln kann. Da die Piloten dieses Ereignis nicht voraussehen können, beschwören die unerwarteten Stöße, die der Maschine versetzt werden, zuweilen eine erhebliche Gefahr herauf.

Wie die Fallwinde kann sich auch eine CAT in Luftzonen entfalten, die einen Durchmesser von nur wenigen Kilometern und eine Höhe von 100 bis etwa 1000 Metern haben. Kurioserweise gelten große Turbulenzzonen als harmloser denn kleine, weil die größeren Windstöße ein Flugzeug erst nach und nach erfassen und ihm mehr Zeit lassen, sie zu durchfliegen. Ein langsames Flugzeug spürt die CAT sehr viel weniger als ein schnelles, und ein schweres übersteht die Turbulenz glatter als ein kleines. Maschinen mit flexiblen Tragflächen sind für Turbulenzen weniger anfällig als solche mit Starrflügeln. Dennoch fordert die CAT noch immer ihren Tribut, denn die häufige »Verbiegung« der Tragflächen führt zu einer Materialermüdung und verkürzt damit die Lebensdauer eines Flugzeugs.

Die »Schönwetterturbulenzen« hängen in der Regel mit den sogenannten Strahlströmen zusammen, jenen gewaltigen dreidimensionalen Luftströmungen, die sich zwischen den tropischen und polaren Wetterfronten bilden. Da sie sich sehr hoch am Himmel bewegen – in Höhen zwischen etwa 7000 und 12000 Metern –, wurden sie erst von den in großen Höhen operierenden Bombern des Zweiten Weltkriegs entdeckt. Die Piloten von heute nutzen sie als Superrückenwinde, die die Fluggeschwindigkeit um bis zu 600 Stundenkilometern erhöhen können. Wie in allen Strömungen – Luft oder Wasser – entwickeln sich auch hier Strudel oder Wirbel, die durch simple Reibung entstehen. In »Ballungsgebieten« mit sehr hohen Windgeschwindigkeiten können die Wirbel sehr stark und sehr turbulent sein. Eine CAT tritt vorwiegend im Umkreis von thermisch stabilen Luftschichten in der Stratosphäre auf, wo warme Luftmassen über kalten hinwegströmen. Die CAT-Windscherung bewirkt, daß die normale Laminarströmung abreißt und sich in Wirbel aller Größen verwandelt. Eine interessante Besonderheit der Schönwetterturbulenzen ist, daß sie unsichtbar und verhältnismäßig klein sind, so daß ein Flugzeug sie in geringer Entfernung passieren kann, ohne sie auch nur zu bemerken. Große Maschinen können CAT-Zonen durchfliegen und kaum etwas von ihnen spüren, und langsamen Flugzeugen oder Unterschalljets bleibt vielleicht sogar ein Rüttelflug erspart, weil sie sanft über die Wellen und Wirbel hinweggleiten.

Die größte Gefahr droht relativ kleinen, schnellen Maschinen, etwa Jagdflugzeugen und Bombern, die den Hauptanteil der im Drachendreieck verschollenen Flugzeuge ausmachen. Könnte ein gewaltiger Scherwind sie vom Himmel niedergeschmettert haben wie ein kosmischer Hammer? Das ist eine erschreckende Möglichkeit – und für Luftreisende eine höchst unangenehme.

Die oberen Lufträume der Stratosphäre stellen für den Menschen noch immer einen der großen Grenzbereiche dar – einen Bereich am Rande des Weltalls, wo man vielleicht mit einigen sehr unliebsamen Überraschungen zu rechnen hat.

Im erdnahen Orbitalgürtel wimmelt es von Satelliten, von denen manche schon seit mehr als 20 Jahren dort oben kreisen. Es ist unvermeidlich, daß einige von ihnen aus ihrer Umlaufbahn geworfen werden und als Weltraumschrott auf die Erde fallen, was eine neue und unberechenbare Gefahr für Flugzeuge in großen Höhen darstellt.

Eine weitere unberechenbare Gefahr liegt möglicherweise in der technischen Perfektion, auf die wir so stolz sind. Man stelle sich nur die Auswirkungen eines mächtigen Fallwinds auf ein Flugzeug vor, dessen elektronische Systeme urplötzlich versagen – ein nicht zu unterschätzendes Problem im Drachen- und Bermudadreieck. Für Piloten, die dann praktisch blind fliegen, kann dies das Ende bedeuten. Die davon betroffenen Maschinen würden mit hoher Geschwindigkeit tief ins Meer geschleudert werden und spurlos versinken. Das ist ein durchaus realistisches Szenario.

Neue technische Hilfsmittel, die Piloten vor Windscherungen warnen sollen, sind in der Entwicklung; das Doppler-Radar wird sogar imstande sein, solche Winde zu orten und anzuzeigen. Allerdings ist diese Hochtechnologie nur so zuverlässig wie ihre Stromversorgung. Und das Glanzstück der Luftfahrttechnik, der Instrumentenflug, bei dem das Steuerwerk durch Elektromotoren kontrolliert wird, die mit einem Bordcomputer gekoppelt sind, könnte sich als verhängnisvoll erweisen in Regionen, wo elektromagnetische Anomalien sämtliche Instrumente auf einen Schlag lahmlegen können. Dann verwandelt sich eine supermoderne Düsenmaschine augenblicklich in einen blinden, tauben, stummen und paralysierten Koloß, der wenig später ins Meer stürzen wird.

In der Diskussion über die Zukunft des Überschallflugverkehrs ist den Meteorologen und Luftfahrtingenieuren klargeworden, daß man in den Luftschichten, in denen diese neuen Maschinen operieren sollen, mit Schönwetterturbulenzen und Scherwinden zu rechnen hat. Die möglichen Auswirkungen müssen bei der Ausrüstung der Maschinen und ihrer elektronischen Anlage berücksichtigt werden.

Es stünde jedoch den Wissenschaftlern und Ingenieuren gut an, wenn sie ihr Augenmerk auch auf Regionen richten würden, die der Erde näher sind als diese luftigen Höhen – auf Regionen wie das Drachendreieck. In keinem anderen Teil der Welt, abgesehen vom Bermudadreieck, passieren so viele Luftunfälle wie hier, während gleichzeitig regelmäßig weitere Schiffskatastrophen registriert werden.

Als Dr. Fujita für sein Buch eine Bestandsaufnahme der durch tückische Fallwinde verursachten Flugzeugabstürze durchführte, stellte er fest, daß die Mehrzahl auf die Vereinigten Staaten entfiel. Das hänge nicht notwendigerweise mit dem häufigeren Auftreten solcher Fallwinde in dieser Weltgegend zusammen, erklärte er, sondern einfach damit, daß ihm die große Zahl von Starts und Landungen die Möglichkeit gegeben habe, das Phänomen zu isolieren und zu untersuchen.

Es ist durchaus möglich, daß auch in anderen Gebieten der Erde mit regelmäßigem Schiffs- und Flugverkehr seltsame Naturphänomene existieren, die wir nicht begreifen und die anzuerkennen die Wissenschaft sich noch immer weigert.

Diese mysteriösen Vorgänge lassen sich vielleicht nicht nur mit unseren elektronischen Geräten und deren Versagen erklären, sondern auch mit den Kräften der Erde selbst, die gesteigert werden durch die turbulenten Gezeiten und Strömungen des Meeres oder gar der Atmosphäre. All unseren modernen Superschiffen und -flugzeugen mit ihren ausgeklügelten Kontrollmechanismen, ihren Sicherheitseinrichtungen und verbesserten Kommunikationssystemen zum Trotz sind wir auf unseren Reisen zu Wasser und in der Luft noch immer von manchen Risiken bedroht, von denen schon die alten Legenden berichten.

5

Unterseeboote, die nie mehr auftauchten

Überwasserschiffe sind nicht die einzigen Opfer des Drachendreiecks: Auch eine Reihe von sowjetischen Unterseebooten ist gleichsam verschlungen worden von den Kräften, die in den tiefen Gewässern vor der japanischen Küste und den vorgelagerten Inseln wirksam sind. Diese Zwischenfälle ereigneten sich in Friedenszeiten, und die Informationen über sie wären wahrscheinlich nicht so frei zugänglich, wenn es die Euro-Atomic Nuclear Safety Organization nicht gäbe, eine Organisation der Vereinten Nationen mit Sitz in Brüssel. Die Signatarstaaten des Nuklearen Sicherheitsabkommens sind verpflichtet, Meldung zu erstatten, wenn eines ihrer U-Boote, Überwasserschiffe oder Flugzeuge einen Atomreaktor oder -sprengkörper verliert. Im Falle der sowjetischen Unterseeboote, die das Meeresgebiet bei Japan befuhren, wurde die Vorschrift eingehalten und Verlustanzeige erstattet. Das Abkommen schreibt jedoch nicht vor, daß die Verluste in allen Einzelheiten spezifiziert werden müssen. In einigen Fällen ist es unmöglich, die Ursache für das Verschwinden eines Schiffs zu ermitteln, da sich das einzige Beweisstück den Nachforschungen entzieht. Wir müssen allerdings davon aus-

*Im April 1968 ging ein sowjetisches U-Boot der Golf-Klasse nordwest-
lich von Japan verloren. Das Schiff war zwar nicht atomar angetrieben,
hatte aber sowohl ballistische Raketen als auch nukleare Gefechtsköpfe von 800 kt und 7 MIRV von 100 kt an Bord. Es gab keine Überlebenden*
(Foto: Jane's Fighting Ships, Jane's Publishing Co., Ltd., London)

gehen, daß einige verschollene Unterwasserschiffe atomar
bewaffnet waren, obwohl es bei solchen Informationen offenbar noch keine Perestrojka gibt.
Die auf Seite 87 aufgeführten sowjetischen U-Boote sind vor
der Küste Japans gesunken oder verschollen, zumeist aus
nicht deklarierten Gründen.
Diese 13 Unterseeboote stellen vermutlich Spitzenprodukte

Zeitpunkt des Verschwindens	Klasse	Typ	Position	Verluste
April 1968	Golf	Diesel-/ Elektroantrieb	nordwestlich von Japan	68 Tote
1970	Alfa	Atomantrieb	Japanisches Meer	Zahl der Toten und Überleb. unbekannt
1971	Yankee	Atomantrieb	bei Guam	Zahl der Besatzungs- mitglieder unbekannt; keine Überl.
September 1974	Golf II	Diesel-/ Elektroantrieb	südwestlich von Japan	keine Über- lebenden
November 1976	Foxtrot	Diesel-/ Elektroantrieb	Japanisches Meer	unbekannt
1977	keine Angaben	Atomantrieb	Süd- chinesisches Meer	genaue Zahlen unbekannt
August 1980	Echo I	Atomantrieb	Japanisches Meer	genaue Zahlen unbekannt
Oktober 1981	Whiskey	Diesel-/ Elektroantrieb	nordwestlich von Japan	unbekannt
September 1983	Charlie	Atomantrieb	Japanisches Meer	90 Tote
März 1984	Victor I	Atomantrieb	westlich von Japan	unbekannt
September 1984	Echo II	Atomantrieb	100 km westlich von Japan	unbekannt
September 1984	Golf II	Diesel-/ Elektroantrieb	nordwestlich der Insel Oki	unbekannt
Januar 1986	Echo II	Atomantrieb	Japanisches Meer	unbekannt

sowjetischer Technik dar: die meisten atomar angetrieben, viele zweifellos atomar bewaffnet. Doch nur einige wenige haben irgendwelche Hinweise darauf gegeben, was mit ihnen geschah, als das Schicksal sie ereilte. Das im April 1968 gesunkene Boot der Golf-Klasse, ein Schiff von 2350 bis 2800 Tonnen mit drei bis fünf Raketenabschußrohren, wurde vom CIA geborgen, der feststellte, daß eine Explosion im Schiffsrumpf die Unglücksursache war.

Drei weitere Havaristen, die Boote der Klasse Echo I, Whiskey und Charlie, wurden von sowjetischen Schiffen gehoben und in Schlepp genommen. Das Boot der Victor-I-Klasse kollidierte 1984 mit dem amerikanischen Flugzeugträger *Kitty Hawk*, den es offensichtlich verfolgte. An Bord des U-Boots der Echo-II-Klasse, das 1986 verlorenging, brach ein Feuer aus; es wurde von sowjetischen Schiffen geortet und abgeschleppt. Das riesige Atomunterseeboot der Yankee-Klasse ruht noch immer bei Guam auf dem Meeresgrund, möglicherweise mit 16 Abschußvorrichtungen für Atomraketen.

Eine Erklärung für die vielen Unterwasserkatastrophen im Bereich des Drachendreiecks ergibt sich aus der Verschiebung des Ozeanbodens selbst. Infolge der ständigen Vulkantätigkeit rings um Japan schwankt hier die Meerestiefe unaufhörlich. Tiefen, die auf Seekarten eingetragen sind, verändern sich erfahrungsgemäß zuweilen beträchtlich, bevor neue Karten verfügbar sind.

Bei der laufenden Neukartierung des Ozeanbodens in dieser Region zeigen sich gewaltige Abweichungen, die bei den Tiefenangaben bis zu 300 Meter betragen können. Vor nicht allzu langer Zeit hob sich der Boden des Boningrabens um rund 2000 Meter. Seamounts (unterseeische Berge) sinken ab, und neue entstehen. Flachwasserzonen werden tiefer, und neue Inseln steigen aus der Tiefe empor. Der Vulkanismus ist im Osten der Bucht von Tokio besonders stark ausgeprägt. All dies stellt eine Gefahr für die Schiffahrt dar, aber ein speziel-

Im September 1974 verschwand ein sowjetisches U-Boot der Golf-II-Klasse südwestlich von Japan und wurde nie gefunden. Das Boot hatte eine Besatzung von etwa 87 Mann, darunter vermutlich 12 Offiziere, sowie ebenfalls ballistische Raketen und Gefechtsköpfe von 800 kt und 7 MIRV von 100 kt an Bord
(Foto: Jane's Fighting Ships, Jane's Publishing Co., Ltd., London)

Dies ist ein Prototyp des Unterseeboots der Klasse Golf II, das im September 1984 abtauchte, aber nie wieder auftauchte. Es war genauso atomar bewaffnet wie das Boot auf der Abbildung Seite 89
(Foto: Jane's Fighting Ships, Jane's Publishing Co., Ltd., London)

Im August 1980 versank ein atomar angetriebenes sowjetisches U-Boot der Echo-I-Klasse unwiederbringlich im Drachendreieck, und im September 1984 folgte ihm ein Boot der Echo-II-Klasse nach. Beide Klassen sind mit Marschflugkörpern und je zwei Atomreaktoren ausgerüstet
(Foto: Jane's Fighting Ships, Jane's Publishing Co., Ltd., London)

Im Januar 1986 verschwand ein weiteres Atomunterseeboot der Echo-II-Klasse in den Tiefen des Drachendreiecks
(Foto: Jane's Fighting Ships, Jane's Publishing Co., Ltd., London)

les Risiko für Unterwasserfahrzeuge, denn sie müssen sich mit Tiefenströmungen abplagen, die sich infolge seismischer Ereignisse unvermittelt verändern können.

Eine andere Theorie zur Erklärung der Unterseebootkatastrophen stützt sich auf das Vorhandensein von plötzlichen Abwärtssogen, den Pendants zur Windscherung, die ein Flugzeug in Sekundenschnelle Hunderte von Metern nach unten reißen kann. Spezielle Windverhältnisse können möglicherweise im Meer einen Strudel erzeugen, der das viel dichtere Wasser auf dem Ozeanboden nach oben befördert. Wenn sich ein U-Boot auf einer solchen Wasserkuppel befindet, hat das gesamte Wasser, von dem es umgeben ist, eine sehr viel geringere Dichte. Beim Abgleiten von dieser aufsteigenden Wasserblase muß das Boot unweigerlich kentern und untergehen. Und da durch ein solches Aufwallen im Umgebungswasser starke Turbulenzen entstehen, wird das Boot von riesigen, heftigen Unterwasserwellen, die vom Tal bis zum Kamm Höhen von fast 200 Metern erreichen können, kräftig hin- und hergestoßen.

Ein Boot, das auf Wellen von solchen Dimensionen umher-

*Ein sowjetisches Atomunterseeboot der Alfa-Klasse ging 1970 im Japanischen Meer verloren. Die Alfa-Boote werden von einem Atomreaktor angetrieben und verfügen über 18 Torpedos.
(Foto: Jane's Fighting Ships, Jane's Publishing Co., Ltd., London)*

tanzt, langt sehr viel schneller auf dem Meeresgrund an, als es Ballast abzuwerfen vermag. Sein Ende kommt, wenn die Wellen es so tief hinabgedrückt haben, daß es dem Wasserdruck nicht mehr standhalten kann. Das Gewicht des Wassers wird das Schiff einfach zerquetschen. Ozeanographen haben diese Theorie aufgestellt, um das Verschwinden des amerikanischen Atomunterseeboots *Thresher* zu erklären, das am 10. April 1963 in den Tiefen des Atlantischen Ozeans versank. Selbst die größten technischen Leistungen der Supermächte sind der schrecklichen Gewalt des Meeres nicht gewachsen! Die Tatsache, daß so viele sowjetische U-Boote, die obendrein noch atomar bewaffnet sind, so nahe vor den Küsten Japans operieren, ist natürlich für die Japaner ein Grund zur Beunruhigung. Aber die UdSSR ist nicht die einzige Atommacht, die für dieses Land eine indirekte Bedrohung darstellt. Japan, das sich verständlicherweise Sorgen macht wegen der atomaren Zeitbomben in den Gewässern vor seinen Küsten, wurde geschockt durch einen Zwischenfall, der sich am 6. oder 7. Dezember 1965 ereignete.

Während eines Manövers rollte ein Kampfflugzeug des Typs A-4E Skyhawk, das mit einer Wasserstoffbombe ausgerüstet war, aus unerfindlichen Gründen vom Flugdeck des amerikanischen Flugzeugträgers *Ticonderoga* hinab und stürzte ins Meer. Flugzeug und Bombe ruhen seitdem tief im Wasser – ein mögliches Thema für einen internationalen Spionagethriller. Offenkundig ist das gefährliche Wrack bis heute noch nicht aufgespürt worden, und soviel man weiß, wurde es auch noch nicht an einem der zahlreichen Strände oder Riffe der japanischen Inseln angespült.

Nach den Unterlagen der US-Navy ist das Flugzeug seit dem 6. Dezember 1965 überfällig, doch der Verlust wurde anscheinend erst 24 Stunden später gemeldet, um die Japaner nicht in Panik zu versetzen. Jedenfalls verfolgt Japan seit 1967 eine Politik, der die sogenannten »drei nichtnuklearen Grundsätze« zugrunde liegen. Sie lauten:

1. Verbot der Herstellung von Kernwaffen durch Japan;
2. Verbot des Besitzes von Kernwaffen durch Japan;
3. Verbot der Einfuhr von Kernwaffen in Japan durch andere Staaten.

Im Verlauf einer späteren Untersuchung teilte ein Sprecher der US-Navy dem Kongreß mit, daß die Wasserstoffbombe rund 800 Kilometer von Japan entfernt ins Meer gefallen sei, also weit außerhalb der japanischen Hoheitsgewässer. Doch aus Dokumenten, die hinterher freigegeben wurden, geht hervor, daß das Kampfflugzeug mit der Bombe an Bord in der Nähe von Okinawa im Meer versunken ist, zwar noch immer außerhalb des japanischen Hoheitsgebiets, aber unangenehm nahe den Heimatinseln, deren Bewohner die erste atomare Katastrophe noch längst nicht vergessen haben. Man vermutet, daß die Bombe und das Flugzeug in einer Tiefe von mehr als 5000 Metern auf dem Meeresgrund liegen, wo wahrscheinlich auch die Bomben und Reaktoren der gesunkenen sowjetischen U-Boote ruhen.

Obgleich es Bergungsunternehmen vielleicht gelungen ist, einige der atomaren Sprengköpfe zu heben, bleibt die Tatsache bestehen, daß die Gewässer rings um Japan – die legendären Tummelplätze der japanischen Drachen – inzwischen zu einem reichhaltigen atomaren Unterwasserarsenal geworden sind.

6

Langlebige Legenden

Die Gründung des japanischen Inselreichs wird in Legenden, die eng mit dem Meer verknüpft sind, auf eine Zeit vor 2300 Jahren datiert. Die Legenden sind Bestandteil altehrwürdiger und heiliger Schriften, des *Kojiki* und des *Nihongi* (oder *Nihonshoki*), die von den Anfängen Japans berichten und die lange Herrschaft des kaiserlichen Hauses von den alten Zeiten bis heute beschreiben.

In weiten Teilen der Welt beruht die historische Zeitrechnung auf einer allbekannten Einteilung: vor Christus und nach Christus. Japanische Geschichtsdaten werden dagegen nach den Regierungszeiten der von etwa 660 v. Chr. bis 1989 aufeinanderfolgenden Kaiser fixiert, die allesamt derselben Dynastie angehörten.

Der erste Kaiser war Jimmu Tenno, der Enkel der Sonnengöttin Amaterasu-o-mi-kami. Die Regierungsepochen aller nachfolgenden Kaiser erhielten einen bestimmten Namen. Mit jedem Kaiser beginnt eine neue Ära, so daß ein Ereignis, das durch das Jahr innerhalb einer kaiserlichen Regierungszeit festgelegt ist, nicht mit dem Namen des jeweiligen Kaisers bedacht wird, sondern mit dem Namen, den man den Jahren seiner Regierungsepoche gegeben hat. Durch diese Datierungstradition und ihre historische Stabilität gewinnt die japanische Weltsicht eine Geschlossenheit, die andere Völker seit den Tagen des alten Rom nicht mehr kennen; die Römer zählten die Jahre bekanntlich »seit Gründung der Stadt« (Rom) – *ab urbe condita.*

Die arabischen Länder halten sich großenteils an eine Chronologie, die vom Jahr der Hedschra ausgeht, in dem Mohammed aus Mekka floh und einen militanten Islam begründete. Die abendländische Welt orientiert sich am Geburtsjahr Christi, obwohl man neuerdings in wissenschaftlichen Kreisen dazu neigt, die Angaben »v. Chr.« und »n. Chr.« durch »v. u. Z.« (vor unserer Zeitrechnung) und »n. u. Z.« (nach unserer Zeitrechnung) zu ersetzen. Allein die Japaner mit ihrer kaiserlichen Zeitrechnung haben ihre Tradition und einheitliche Geschichtsauffassung bis in unsere Gegenwart bewahrt, in der sie selbst zu den führenden modernen Staaten zählen.

Ein Nichtjapaner, der eine japanische Zeitung liest, muß das westliche Jahr der Thronbesteigung des jeweiligen Kaisers interpolieren, um das westliche Datum zu erhalten. Der Kronprinz Hirohito beispielsweise bestieg 1925 den Thron und eröffnete damit die Ära des Showa (»Ewiger Frieden«). Wenn man also das westliche Datum eines historischen Ereignisses, das in Hirohitos Amtszeit fällt, ermitteln will, muß man die Zahl 1925 zum Showa-Jahr addieren, denn für Hirohito war 1925 das Jahr 1.

Die Showa-Ära endete 1989 mit dem Tod des Kaisers Hirohito, und eine neue Epoche, das Heisei (»Sich ausweitender Frieden«), begann. Das Jahr 1990 ist demnach Heisei 2, und so weiter. Diese Umrechnung ist für Ausländer zwar etwas mühsam, bezeugt aber die Macht der Überlieferung und die Kohärenz im Denken der Japaner, die nicht nur ihr eigenes Berechnungssystem haben, sondern auch ihre eigenen Götter und ihre eigenen traditionellen Vorstellungen davon, wie die japanischen Inseln aus dem Ozean emporgestiegen sind.

Die japanische Mythologie, wie sie in Shinto-Legenden erzählt wird, kümmert sich nicht um andere Länder oder gar um die Gestirne und den Himmel, sondern beginnt unmittelbar mit den Taten der Götter und der Entstehung der japanischen Inseln. Die Erschaffung dieser Inseln fand nach der Überlieferung erst vor einigen Jahrtausenden statt. Die japanischen Legenden befassen sich deshalb ausschließlich mit der Inselwelt Japans, deren Erschaffung durch die Götter und dem Leben der ersten Sterblichen, Isonagi und Isonami (Mann und Frau).

Die Zeit, die in den Legenden für die Entstehung Japans angesetzt wird, entspricht den geologischen Gegebenheiten tatsächlich mehr als die Zeitvorstellungen in den Mythen anderer Kulturen, wonach die Erde, die Sterne und das Universum in einem Zug erschaffen wurden. Wissenschaftliche Befunde, die sich auf die Entstehung der japanischen Heimatinseln beziehen, legen die Vermutung nahe, daß dieses Ereignis in vergleichsweise neuer vorgeschichtlicher Zeit stattfand, im Verlauf einer Serie von ozeanischen Umwälzungen im westlichen Pazifik unweit der tiefsten Stellen des Weltmeeres, das mehr als 71 Prozent der Erdoberfläche bedeckt. Seitdem Japan existiert, sind immer wieder Inseln aufgetaucht und versunken, wo untermeerische und oberirdische Vulkane im sogenannten »Feuerring« noch immer besonders aktiv sind – also in jener vulkanischen Zone rings um den Pazifischen Ozean, wo gewaltige Strudel und jähe Riesenwellen Fischerboote und gigantische Frachter gleichermaßen zerschmettern. In eben dieser Zone wurden in den Monaten Juni und Juli 1989 eine fast unglaublich hohe Zahl von Erdstößen, nämlich 21 000, registriert.

Möglicherweise gelangten die Japaner erst vor relativ kurzer Zeit auf ihre Inseln, wie es traditionsgemäß die lange Reihe

Die brodelnde See zeigt die Eruption eines untermeerischen Vulkans nördlich von Iwo Jima an (Foto: Wide World)

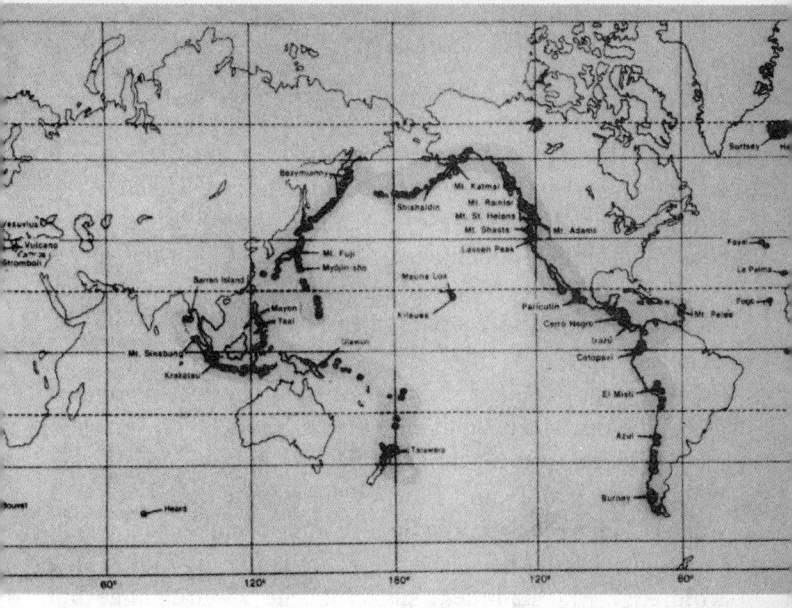

*Die bisher bekannten Vulkane des Drachendreiecks. Es könnte hier
noch Hunderte von weiteren Vulkanen geben
(Foto: Wide World)*

der Kaiser andeutet, die mit dem Jimmu Tenno im Jahre
660 v. Chr. begann. Manchen Theorien zufolge kamen die
ersten japanischen Kolonisten von anderen Inseln im Pazifik
– Inseln, die heute unter dem Meeresspiegel liegen –, und
zwar in einer Periode der tiefgreifenden Umgestaltung der
Festlands- und Meerestopographie. Untersuchungen des Pa-
zifikbodens haben gezeigt, daß hier, wie in anderen Weltgegenden auch, große zusammenhängende Bereiche des
Ozeanbodens einst Festland waren und daß andere Teile des
Meeresgrunds aufgestiegen sind. Das ist vielleicht eine Erklärung für die vielen Legenden von verlorengegangenen
Landmassen im Pazifik, denn einige pazifische Inselketten

sind tatsächlich nichts weiter als die Gipfelregionen großer Gebirge, die im Meer versunken sind.

Diese uralte, tiefverwurzelte Verbundenheit mit dem Meer, verstärkt noch durch Japans Lage mitten im Ozean, balancierte gleichsam auf dem schmalen Grat des pazifischen Tiefseeabfalls in den Ogasawaragraben und andere Tiefen weiter südlich. Obwohl man diese Tiefen in früheren Zeiten für einen buchstäblich bodenlosen Abgrund hielt, hat das nichts an der Nutzung des Meeres durch die Japaner geändert, auch nicht an dem Mut der japanischen Fischer und Seeleute, die es befuhren.

Schriften aus dem japanischen Mittelalter berichten von den Gefahren des Meeres und enthalten Legenden von verschollenen Flotten, von mächtigen Drachen und anderen Ungeheuern, die Strudel und Flutwellen erzeugten, und von zerstörerischen Seebeben, die Schiffe und Inseln verschlangen. Doch gleichzeitig bewiesen angeblich auch die Götter ihre wohltätige Macht, indem sie feindliche Eindringlinge mit kraftvollen Winden und Wellen abwehrten.

Dies geschah zweimal im 13. Jahrhundert, als der *kami-kaze* (»göttlicher Wind«) die Schiffe der von China und Korea vordringenden Mongolenheere zerschmetterte und versenkte und die Japaner beflügelte, die Invasoren, denen die Landung dennoch gelungen war, zu besiegen und zu massakrieren.

Im Jahre 1274 entsandte Kublai Khan, der Kaiser von China und Enkel des mongolischen Welteroberers Dschingis Khan, eine Streitmacht, die unter anderem auch die disziplinierten Reiterhorden umfaßte, die den größten Teil Asiens, Rußlands und Europas bis Ungarn unterworfen hatten. Dieses Riesenheer, das sich dank seiner gewaltigen Zahl, seiner Ausbildung, seiner mittelalterlichen »Artillerie« und seines schreckenverbreitenden Ansehens so sicher wähnte, landete in der Hakozaki-Bucht. In der darauffolgenden Schlacht behaupteten die Japaner ihre Stellung an der Ostküste von Kyushu, während sich die Mongolen neu formierten. Plötzlich brach ein furchtbarer Taifun los, der Hunderte von Invasorenschiffen versenkte und die übrigen bis zu den Küsten Koreas zurücktrieb.

Sechs Jahre später unternahmen die Mongolen einen neuen Versuch mit einem noch größeren Heer und noch mehr Schiffen. Diesmal konnte eine große Streitmacht an Land gehen, und es entspann sich ein fast zweimonatiger Kampf, in dem die Japaner ihre Feinde an die Küste von Kyushu zurückdrängten. Wiederum stürzte sich der *kami-kaze* brüllend vom Himmel herab, vernichtete die Schiffe von zwei Mongolenflotten und ertränkte deren Besatzungen. Den Mongolen, die auf dem überfluteten Schlachtfeld noch am Leben waren, gelang nicht die Heimkehr nach China und zu Kublai Khan, der daraufhin begreiflicherweise von einem dritten Versuch, Japan zu erobern, absah.

Schon lange vor dem Eingreifen des *kami-kaze* ließ das Meer japanischen Kriegern im 3. Jahrhundert wundersame Hilfe angedeihen. Die Königin Jingu, die Witwe eines Kaisers, erhielt damals Unterstützung von Unterwasserbewohnern. Als Jingu mit ihrer Flotte auf hoher See war, um Korea zu erobern, erhob sich ein gewaltiger Sturm im Nordchinesischen Meer und brachte die Schiffe in größte Gefahr. Aber da tauchten unverhofft scharenweise riesige Fische auf und stemmten sich gegen die Bordwände, um die Schiffe vor dem Kentern zu bewahren, so daß sie den Sturm überstanden und ihre Eroberungsfahrt fortsetzen konnten.

Noch staunenswerter ist die Legende von den *Heike gani*, den »Krabben von Heike«. Historischen Berichten zufolge wurde im Mittelalter eine Seeschlacht zwischen den mächtigen Sippenverbänden von Heike und Minamoto ausgetragen, in der Heike unterlag. Die toten Heike-Krieger nahmen, während sie zum Meeresgrund absanken, die Gestalt von Krabben an, und die Abkömmlinge dieser Krabben zeigen auf ihrem Panzerkleid noch immer die Gesichter, Helme und sonstige Ausrüstung der ertrunkenen Krieger.

Letzteres ist indes keine Legende, denn der Rücken der Krabben weist in der Tat eine auffallende Ähnlichkeit mit den Gesichtern alter Krieger auf, wie sie in mittelalterlichen japanischen Holzschnitten abgebildet sind. Bei den meisten Tieren erkennt man nur eine Zeichnung, die dem Gesicht eines Kriegsmannes von einst gleicht, aber die größeren Krabben, *taishogani* (»Oberstkrabben«) oder *tatsugashira* (»Drachenhelmkrabben«) genannt, gelten als Geisterbilder der Heike-Offiziere. Diese Offizierskrabben zeigen auf ihrem Panzer nicht nur ein Gesicht, sondern auch Helme mit Hörnern, zuweilen sogar mit vermeintlichen Dracheninsignien und anderen Merkmalen, wie sie für die Visiere und Helme typisch waren, die im Mittelalter von den Offizieren der japanischen Feudalheere getragen wurden.

Wie die Legende vom *kami-kaze*, die eigentlich keine Legende ist, da die entscheidenden Ereignisse wirklich stattgefunden haben, entfalten auch die Heike-Krabben insofern eine gewisse geheimnisvolle Wirkung, als jedermann, der ein solches Tier erwirbt, vor dem Verzehr über das stolze, grimmige und wild entschlossene Wesen eines längst dahingeschiedenen Samurai meditieren kann.

Der zählebigste Mythos im Fernen Osten, in China wie in Japan, betrifft jedoch jene Rätselwesen, die wir Drachen nennen.

Der Drache des Ostens darf nicht mit seinem westlichen Gegenstück verwechselt werden. Während man den Drachen im Abendland gemeinhin mit Bosheit und Zerstörung oder mit der habgierigen Bewachung eines Schatzes in Verbindung bringt, wird der Drache im Fernen Osten meist als ein wohlwollendes, wenngleich manchmal launisches Geschöpf dargestellt.

In der chinesischen Mythologie beherrschte der Drache oder

lung die Stürme, oft im Verein mit Wassergeistern. Nach Aussage eines chinesischen Schriftstellers aus dem 3. Jahrhundert v. Chr. bekamen Menschen die Drachen nur selten zu Gesicht – wohl aber deren Aktivitäten, wenn sie zum Beispiel mit Unterstützung des Windes und Regens zum Himmel emporstiegen.

Andere Autoren stellten eine Beziehung zwischen Drachen und Wirbelstürmen her, die schwere Gegenstände himmelwärts tragen. Wasserhosen, die durch Zyklone im Meer entstehen, wurden als Drachen gedeutet, die sich hoch in die Luft emporschwingen. Auch Vulkane wurden mit Drachen in Verbindung gebracht – sie waren die Löcher, in denen die Fabelwesen ihren Flug antraten.

Die mächtigsten Drachen fungierten als die Könige der vier Meere, die in den Hauptrichtungen des chinesischen Kompasses lagen. Der König des Westlichen Meeres (Pazifik) war der Li-Lung, der in einem großen Unterwasserpalast hauste, angefüllt mit den Reichtümern aus den Laderäumen gescheiterter Dschunken.

Eine andere Legende erzählt von einem untermeerischen Drachenpalast, der fünf oder sechs Schiffstagereisen von der Stadt Suzhou entfernt lag, in einem Seegebiet mit stets turbulentem Wasser, seltsamen Geräuschen und einem geisterhaften roten Licht, das nachts so hell wie die Sonne erstrahlte. Vielleicht versuchten die chinesischen Seeleute damit einen Unterwasservulkan vor der Küste Japans zu beschreiben. Das rote Licht, das aus dem Meer aufsteigt, könnte auch mit einer Erscheinung zusammenhängen, die wir heute als UFO bezeichnen.

Einen interessanten Nebenaspekt liefern die zwölf Tiere des chinesischen Tierkreises, einer Kalenderform, die bis 2600 v. Chr. zurückreicht. Die Chinesen benennen die Jahre nach der Ratte, dem Ochsen, dem Tiger, dem Kaninchen, dem Drachen, der Schlange, dem Pferd, dem Schaf, dem

Affen, dem Hahn, dem Hund und dem Schwein. Von all diesen Geschöpfen ist der Drache das einzige, das man nicht körperlich wahrnehmen kann – zumindest heute nicht mehr. Dr. N. B. Dennys, ein führender älterer Experte für die Mythologie der Chinesen, vertrat die Ansicht, es bestehe »kaum ein Zweifel«, daß China einst die Heimat echter Drachen gewesen sei.

Drachenknochen und -zähne galten in der chinesischen Pharmakopöe als hervorragende Heilmittel. Mit ihnen kurierte man Durchfall, Gallensteine, Fieber und Krämpfe bei Kleinkindern, innere Entzündungen und Geschwülste, lahme Beine, Krankheiten in der Schwangerschaft, remittierendes Fieber und Abszesse. Mit pulverisierten Knochen, die in die Nase oder die Ohren geblasen wurden, brachte man Blutungen zum Stehen und heilte Nabelgeschwüre bei Neugeborenen.

Die Verarbeitung dieser Knochen – bei denen es sich um die Fossilien prähistorischer Echsen oder Säugetiere gehandelt haben mag – war sehr aufwendig. Sie mußten mit bestimmten Kräutern gekocht oder über einem Feuer rotglühend erhitzt und dann zu Pulver zermahlen werden. Sie durften dabei nicht mit Eisen oder Fisch in Berührung kommen. Der Ausgangsstoff für solche Heilmittel wurde von den Apothekern in Städten wie Hongkong oder Peking feilgeboten. Des öfteren haben westliche Paläontologen in den Drachenknochenbehältern dieser Läden herumgewühlt, auf der Suche nach sehr alten Fossilien. Die Zähne, die zur Entdeckung des Pekingmenschen geführt haben, sind auf diese Weise »ausgegraben« worden!

Der Drachenglaube der Chinesen hat sich bis in unser Jahrhundert gehalten, wie ein Bericht in dem 1932 erschienenen Buch *A Dictionary of Chinese Mythology von E. T. C. Warner* beweist. Im Mai 1931 wurde in der überwiegend kommunistischen Provinz Kiangsi im Fluß Kan ein Drache gesichtet, der angeblich für eine große Überschwemmung in dieser Gegend verantwortlich war. Warner schreibt:

> »Wie im ›Buch der Geschichte‹ geschrieben steht, daß die Menschen vor rund 2000 Jahren dem Flußgott Ho Po alljährlich die schönste Jungfrau als Konkubine opferten, so schlägt man heute vor, dem Drachen ein angemessenes Opfer darzubringen. Es heißt, daß die Flut zurückgehen wird, sobald sein Zorn besänftigt worden ist. Doch wenn nichts geschieht, um das Untier milde zu stimmen, könnte es dem Volk von Kiangsi noch mehr Leid bescheren als die Überschwemmung und die kommunistischen Unruhen.«

Es ist allerdings nicht vermerkt, ob man dem Drachen aufgrund dieses Vorschlags ein Menschenopfer dargebracht hat. In Japan wird der Drache *Tatsu* oder *Ryu* genannt und als Meer- oder Flußgott aufgefaßt – als ein Flußgott, dem gelegentlich, wie aus einigen Hinweisen geschlossen werden kann, Menschenleben geopfert wurden.

Eine merkwürdige Begleiterscheinung dieser göttlichen Drachen ist das geheimnisvolle Licht am Himmel, das häufig von den Wäldern zum Meer wandert. In einer Erzählung ist von einem Licht die Rede, das auf dem Meer emporsteigt und dann zu einem Berg fliegt, wo es in einer alten Kiefer vor einem buddhistischen Tempel hängenbleibt. Es wird als Drachenlaterne bezeichnet und ist angeblich eine Opfergabe, die die Drachen des Meeres den Gottheiten des Schreins schicken.

In seinem *Buch vom Tee* beschreibt Okakoro Kakuzo den Drachen wie folgt:

> »Der Drache ist der Geist des Wandels, eingerollt in den unergründlichen Tiefen des Meeres … Er entfaltet sich in der Sturmwolke, er wäscht seine Mähne in der Dunkelheit

der brodelnden Strudel. Seine Krallen sind die Gabeln des Blitzes ... Seine Stimme ertönt in den Orkanen ... Der Drache enthüllt sich nur, um sogleich wieder zu verschwinden.«

Diese Schilderung ähnelt auffallend einer anderen Beschreibung, die 1901 in der japanischen Naturzeitschrift *Shizen Shimbun* erschien und von einem riesenhaften Meereswesen berichtet. Es war nur in stürmischen Nächten und im Schein von Blitzen zu sehen.

Der Dampfer *Chillagoe* unter Kapitän W. Firth sichtete ein solches Geschöpf im Jahre 1902. Nach der Beschreibung war es gut zehn Meter lang und hatte vier sehr große Flossen und einen überdimensionalen Robbenkopf. Das Schiff kam sehr nahe heran, bevor das Ungeheuer abtauchte.

Ähnliche Sichtungen werden aus dem Indischen Ozean berichtet, etwa von einem Passagier des niederländischen Dampfers *Java*; er erblickte 1906 den Kopf einer Seeschlange, der sich etwa drei Meter hoch aus dem Wasser hob. Im darauffolgenden Jahr wurde vom Dampfer *Zondel* aus ein gleichartiges Geschöpf entdeckt.

Meeresungeheuer wurden ebenfalls gesichtet von dem Schiff *Nestor*, das 1976 nach Schanghai unterwegs war, und von der *Georgia* 1977 unweit von Rangun.

Auf der anderen Seite des Pazifiks erlebte das Fracht- und Passagierschiff *President Grant*, das 1970 Los Angeles anlief, einen mysteriösen Zwischenfall – seltsame Bugvibrationen und ein völlig verändertes Kielwasser. Die Untersuchung ergab, daß der 14 000-Tonner mit seinem Bug ein riesiges Meerestier gerammt hatte. Die Überreste wurden nie identifiziert und lediglich als ein großes Meereslebewesen unbekannter Art beschrieben.

Und im Atlantik gab das Passagierschiff *Santa Clara* der Grace Lines 1947 über Funk einen ähnlich klingenden Bericht durch: Es habe ein 15 Meter langes Tier gerammt. Augenzeugen waren der Erste Maat William Humphreys, der Dritte Offizier John Axelson und der Navigationsoffizier John Rigney. In einer Befragung erklärte Axelson, er habe gesehen, wie der Kopf des Tieres urplötzlich aus dem Meer aufgetaucht sei. »Es fiel auf, daß das Wasser rot verfärbt war ... Wegen der Farbe des Wassers nahmen wir an, daß der Kiel unseres Schiffes das Meeresungetüm getroffen hatte. Diese Vermutung scheint auch heute noch richtig zu sein, denn das Tier wand sich und schlug um sich in einer Weise, die auf eine ernsthafte Verletzung hindeutete.«

In diesen neueren Berichten erkennen wir gewissermaßen eine Umkehrung der Geschichten vergangener Zeiten, in denen kleine Fischerboote oftmals durch angreifende Meeresungeheuer zerstört wurden. Heutzutage werden von motorisierten Schiffen manchmal Ungeheuer gerammt und vernichtet, die dazumal *sie* vernichtet hätten. Doch selbst in der Gegenwart fühlt man sich angesichts der vielen modernen Schiffe, die im Drachendreieck verschollen sind, ein wenig an Regionalüberlieferungen und alte Legenden erinnert, auch an Berichte über drachenähnliche Meeresungeheuer.

Sowenig dies auch ins Konzept der heutigen Geologie und Paläontologie zu passen scheint, ganz zu schweigen von der wissenschaftlichen Lehrmeinung, daß Meeresungeheuer und große Seeschlangen seit der Jurazeit ausgestorben seien – japanische Fischer stoßen auf hoher See zuweilen noch immer auf Geschöpfe, die diesen Fabelwesen ähnlich sehen. Ein solcher Fall ereignete sich 1977 im südlichen Teil des Drachendreiecks, als der Kapitän eines Fischkutters mit dem treffenden Namen *Sea Dragon* ein Monstertier fing. Er fotografierte es und wollte es an Bord behalten in der Absicht, es zwecks wissenschaftlicher Untersuchung nach Japan zu schaffen. Doch als das zwei Tonnen schwere Ungetüm in Verwesung überging, mußte er es über Bord werfen; leider versuchte er nicht einmal, das Skelett zu retten, das sicherlich nicht minder wertvoll gewesen wäre als der ganze Fang. Denn die Analyse der Fotos ergab, daß er wahrscheinlich den Kadaver eines Plesiosauriers weggeworfen hatte, eines Lebewesens, das angeblich vor 60 Millionen Jahren ausgestorben ist.

Auch wenn der Kapitän seinen »Drachen« oder Plesiosaurier gerettet hätte, wäre dies nicht das einzige lebende Fossil, das der Wissenschaft bekannt ist. Erst vor 50 Jahren erhielt sie den ersten Beleg dafür, daß Geschöpfe, die seit langem als ausgestorben galten, noch immer in den Tiefen der Ozeane leben.

Am 22. Dezember 1938 ging Fischern in den Küstengewässern vor Südafrika ein großer, merkwürdig aussehender Fisch ins Netz. Er war dunkelblau, mehr als anderthalb Meter lang und wog 114 Pfund, und er hatte kräftige Schuppen und große vorstehende, tiefblaue Augen. Der seltsame Fang überlebte einige Zeit auf dem Deck des Trawlers und schnappte nach jedem, der sich in seine Nähe wagte.

Das Tier verendete, bevor der Fischdampfer im Hafen festmachte, und der verwesende Leichnam wurde ins Museum der südafrikanischen Hafenstadt East London gebracht. Die Kustodin Marjory Courtenay-Latimer schickte Dr. J. L. B. Smith, Professor der Ichthyologie an der Rhodes-Universität, eine Skizze des Fisches. Da sich der Brief wegen der Weihnachtspost verzögerte und somit eine Antwort ausblieb, machte sich die Kustodin daran, den Fisch zu enthäuten und zu präparieren. Der einzige Körperteil, der von der inzwischen stinkenden Masse übrigblieb, war der Schädel.

Smith erkannte in dem Exemplar sofort einen Hohlstachler, einen urtümlichen Fisch mit Quastenflossen, die wie Beine aussehen. Die Gattung der Quastenflosser ist den Paläontologen wohlbekannt; sie gingen davon aus, daß sie am Ende der Kreidezeit, also vor rund 60 Jahrmillionen, ausgestorben sei.

Oben: Dieser arg mitgenommene Kadaver ging 1977 einem japanischen Trawler ins Netz. Die Abmessungen entsprechen denen der angeblich ausgestorbenen Plesiosaurier (Foto: Fortean Picture Library, Wales)
Unten: Die Zeichnung stammt von einem Seemann an Bord (Vorlage von AP/Wide World Photos)

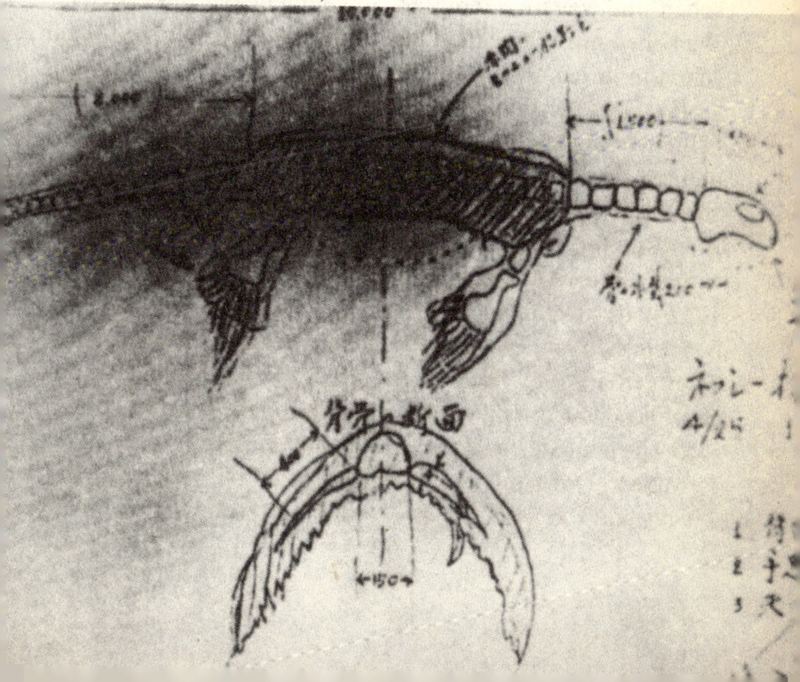

Smith gab dem Fisch den wissenschaftlichen Namen *Latimeria chalumnae* und verkündete aller Welt, daß der Quastenflosser wieder unter uns lebe. Der Fund erregte großes öffentliches Interesse und löste beträchtliche wissenschaftliche Auseinandersetzungen aus. Bislang waren alle versteinerten Hohlstachlerexemplare klein gewesen. Die meisten maßen etwa 15, die größten 60 Zentimeter. Wie sich herausstellte, waren alle diese Tiere Sumpfbewohner. Erst nach dem Zweiten Weltkrieg wurden in Deutschland die fossilen Überreste eines ungefähr anderthalb Meter langen Hohlstachlers entdeckt.

Professor Smith setzte für ein weiteres Exemplar eine Belohnung aus, die erst nach dem Krieg eingefordert wurde. 1952 fing ein Fischer bei den Komoreninseln vor Mozambique einen seltsamen Fisch und zeigte ihn dem Dorfschullehrer, der sich an die Prämie erinnerte – sie entsprach dem Dreijahresverdienst eines Inselbewohners. Man benachrichtigte Professor Smith, diesmal rechtzeitig vor Weihnachten. Inzwischen sind weitere Exemplare aufgetaucht, darunter auch ein Weibchen mit Eiern. Und lebende Quastenflosser sind sogar schon in ihrem angestammten Unterwasserlebensraum fotografiert und gefilmt worden. Der Fisch ist übrigens den einfachen Fischern im Indischen Ozean durchaus vertraut. Sie nennen ihn *kombessa* und betrachten ihn als einen eßbaren, aber nicht sonderlich geschätzten Fang.

Interessanter noch ist eine Geschichte aus Tampa in Florida, wo eine Frau 1949 eine kleine Werkstatt betrieb, in der sie Touristensouvenirs herstellte, hauptsächlich aus Fischschuppen, die sie von den einheimischen Fischern erwarb. Ein Fischer verkaufte ihr eines Tages ein paar Pfund große Schuppen, die das Format von Tarpunschuppen hatten (etwa so groß wie ein Silberdollar). Sie stammten jedoch nicht von Tarpunen. Die Andenkenherstellerin wurde neugierig und schickte ein Exemplar an das National Museum in Washington, wo es an Dr. Isaac Ginsburg in der Fischabteilung weitergeleitet wurde.

Dr. Ginsburg hatte eine solche Schuppe noch nie gesehen. Seines Wissens lebte kein Fisch mit derartigen Schuppen in amerikanischen Gewässern. Offensichtlich hatte er die Schuppe einer urtümlichen Art vor sich, möglicherweise eines Hohlstachlers. Er schrieb sofort an die Dame in Tampa und bat sie um weitere Informationen, erhielt aber keine Antwort. Vielleicht waren alle anderen Schuppen bereits verkauft und verstauben heute zwischen anderen Urlaubserinnerungen. Doch diese einzelne Schuppe scheint darauf hinzudeuten, daß ein altertümlicher Fisch, vielleicht ein Quastenflosser, in den Küstengewässern Floridas lebt – womöglich in den Tiefen jenes Seegebiets, das wir Bermudadreieck nennen.

Vielleicht blieben der Plesiosaurier, der Quastenflosser und noch weitere lebende Fossilien von dem mutmaßlich durch kosmische Strahlung verursachten Massenaussterben in der Kreidezeit verschont, weil sie in den Tiefen des Ozeans lebten oder sich an sie anpaßten. Das prähistorische Reptil oder Säugetier, das von der *Sea Dragon* gefangen wurde, ist ein weiterer Hinweis auf die Überraschungen, mit denen das Drachendreieck noch aufwarten könnte.

Plesiosaurier sind auch schon von Wissenschaftlern in den geheimnisumgebenen Dreiecken geortet worden. 1969 inspizierte das Tieftauchboot *Alvin* Telegrafenkabel in der tiefen Randzone des Nordamerikanischen Beckens vor den Bahamas, also in einer Region, die zum Bermudadreieck gehört. Kapitän McCamis blickte vom Armaturenbrett auf und sah eine schattenhafte Gestalt, die vor der *Alvin* davonschwamm – eine Gestalt, die eine auffallende Ähnlichkeit mit einem ausgestorbenen Plesiosaurier hatte.

Schon Jahrhunderte vor dem wissenschaftlichen Nachweis prähistorischer Tiere haben Seeleute immer wieder Meeresungeheuer beschrieben, die den Plesiosauriern glichen. Ein skulpturengeschmückter Sarkophag in den römischen Katakomben zeigt eine Darstellung des biblischen Jonas, der nicht von einem Wal, sondern von einem Lebewesen verschlungen wird, das einem Plesiosaurier verblüffend ähnlich sieht. Es hat einen langen, dünnen Hals, einen vergleichsweise kleinen Kopf, einen dicken, aber sich verjüngenden Schwanz und vier kräftige Flossen. Aufgrund paläontologischer Befunde wissen wir, daß Plesiosaurier eine Länge von rund 15 Metern erreichen konnten.

Ivan Sanderson berichtet von einem Vorfall, der sich 1969 im Nordpazifik zugetragen hat, wo das Echolot eines Krabbenfischers aus Alaska ein Diagramm aufzeichnete, das unverkennbar die Form eines Plesiosauriers hatte. Die Standortangabe ist bemerkenswert, denn zwischen Alaska und Oregon sind von 1812 bis heute 53 Sichtungen von Meeresungeheuern registriert worden.

Die Sonaraufzeichnung erfolgte, als das Schiff vor Raspberry Island unweit von Kodiak Island in der Shelikof-Straße Krabben dredschte. Das Lebewesen, das man hier aufspürte, könnte allerdings eine Länge von 50 Metern gehabt haben – ein so großer »Drache« wäre imstande, selbst einem modernen Seemann Angst einzujagen!

Der Plesiosaurier wird auch als Lösung für ein anderes zoologisches Rätsel ins Feld geführt: für das Ungeheuer von Loch Ness.

Außer den für ihre Rätseltiere berühmten Lochs Ness und Alst und den übrigen Lochs mit ihren »Wasserpferden« sind auch mehrere Seen in Irland als Wohnstätten großer Lebewesen bekannt, und das gleiche gilt für Seen in Schweden, Norwegen und Island. In den USA sind gut dokumentierte Sichtungen ungewöhnlicher großer Wassertiere in Kalifornien, Minnesota, Montana, Nevada, Oregon, Utah, Wisconsin, Alaska und für den Lake Champlain zwischen New York und Vermont verbürgt. Kanada kennt ebenfalls Seeungeheuer in Britisch-Kolumbien, Manitoba, Quebec und Ontario, ja sogar im Umkreis von Großstädten wie Toronto.

Theoretiker gehen so weit, eine Zone der »Seeungeheuer« zu postulieren, die ungefähr auf dem 60. nördlichen Breitengrad liegt. Neuere Berichte aus der UdSSR und aus China lassen vermuten, daß die Theoretiker recht haben, denn auch in diesen Ländern existieren sogenannte Seeungeheuer.

In früheren Zeiten schrieb man Erdbeben vielfach einem mächtigen Drachen zu, der in Höhlen unter dem Meer hauste und im Schlaf häufig seine Stellung wechselte. Wenn wir bedenken, daß in der japanischen Region innerhalb eines kurzen Zeitraums von kaum mehr als einem Monat 21000 Erdstöße registriert worden sind, dann müssen wir zu dem Schluß kommen, daß viele dieser Erschütterungen, so sehr sie auch ausländische Besucher erschrecken, von den Japanern kaum noch wahrgenommen werden, weil das Inselvolk schon seit Jahrhunderten an das Beben der Erde gewöhnt ist. Man weiß heute, wie Erdbeben entstehen, aber sie lassen sich genausowenig kontrollieren wie die Regungen des Drachens, der unter den Inseln Japans schläft.

7

Geisterschiffe im Drachendreieck

Legenden und Sagen über das Drachendreieck haben sich über Jahrhunderte hinweg bis heute gehalten. Manchmal geben sie Erklärungen für scheinbar paranormale Vorkommnisse, und manchmal sind diese Vorkommnisse, trotz ihrer Bestätigung durch Augenzeugen, genauso mysteriös wie die Legenden aus längst vergangenen Tagen.

Ein Zwischenfall, der an die Sage vom *Fliegenden Holländer* erinnert, ereignete sich im Januar 1989 nördlich der Ogasawara-Inselkette, als ein Walfangschiff fast einen Besankutter gerammt hätte, der ihm unvorsichtigerweise direkt entgegensegelte. Es schien jemand am Steuerrad zu stehen, doch als Kapitän Morio Sakagami und einige Leute an Bord des Kutters kletterten, machten sie eine grausige Entdeckung: Der Rudergänger war ein teilweise verwester Leichnam, der halb stehend locker ans Rad gebunden war. Er schien schon seit mehreren Wochen tot zu sein. Man fand kein weiteres Besatzungsmitglied, obwohl der Kutter sicherlich mit vier oder fünf Leuten bemannt gewesen war.

Der Tote war durch ein Entermesser gestorben, das noch zwischen seinen Rippen steckte. Die Scheide des Messers lag an Deck. Ein einziges Wort war mit Blut darauf geschrieben – das Wort »Tiefen«. In das Messer selber war ein Name eingeritzt – Bully Bates –, aber es ließ sich nicht feststellen, ob das der Name des Opfers oder des Mörders war. Kapitän Sakagami übergab die Angelegenheit der japanischen Polizei, die jedoch den Fall aus Mangel an Zeugen, Verdächtigen oder Motiven bislang nicht lösen konnte.

Die Geschichte des *Fliegenden Holländers* ist in der Welt der Seefahrer so berühmt geworden, daß alle Geisterschiffe, die unter vollen Segeln Fahrt machen (auch wenn es windstill ist), mit ihm in Verbindung gebracht werden. Obgleich dieses legendäre Geisterschiff ein Phänomen war, das ursprünglich mit dem Kap der Guten Hoffnung und der Ostindienroute identifiziert wird, ist es von vielen Seeleuten gesichtet worden, und die Legende wurde von vielen anderen bestätigt. Der *Fliegende Holländer* ist ein Schiff des 17. Jahrhunderts, dessen Kapitän Gott verfluchte, als er 1680 das Kap zu umsegeln versuchte. Er schwor, er werde diesen Versuch bis zum Jüngsten Tag nicht aufgeben. Zur Strafe wurden der Kapitän und seine Mannschaft dazu verdammt, ihre Reise fortzusetzen und auf ewig sich vergebens zu bemühen, das Kap zu umfahren. Sicher ist, daß das Schiff nie seinen Zielhafen Batavia erreicht hat. Doch andere Schiffsbesatzungen haben berichtet, sie hätten ein Geisterschiff in dieser Region gesehen. Gewöhnlich stirbt bald darauf ein Mann an Bord des Schiffes, das die Sichtung gemeldet hat; er stürzt aus der Takelage oder ins Meer.

In der Nacht zum 11. Juni 1881 begegnete ein britisches Kriegsschiff dem *Fliegenden Holländer*. Ein Seekadett, der auf der *Inconstant*, die südöstlich von Japan kreuzte, Wache hatte, machte folgenden Eintrag in das Logbuch und beschrieb damit ein Vorkommnis, das mindestens ein Dutzend Besatzungsmitglieder ebenfalls beobachtet hatten:

»4.00 Uhr am Morgen. Der ›*Fliegende Holländer*‹ querte unseren Bug. Er strahlte ein seltsames phosphoreszierendes Licht aus, wie ein Gespensterschiff, das ganz in Glut steht, und inmitten dieses Lichtes hoben sich deutlich die Masten, Spieren und Segel einer 200 Yard entfernten Brigg ab, als sie an Backbord voraus lief; da hat sie auch der Wachoffizier von der Brücke aus gesehen, ebenso der Leutnant auf dem Achterdeck, der sofort nach vorn zum Vorderdeck geschickt wurde; doch als er dort ankam, waren keine Spur und kein Zeichen irgendeines Schiffs zu sehen, weder in der Nähe noch bis zum Horizont, obwohl die Nacht klar war und die See ruhig.«

Der ziemlich lässige Bericht über ein Geisterschiff und dessen unverzügliche Identifizierung als *Fliegender Holländer* wurden vom Kapitän des britischen Kriegsschiffs offenbar nicht in Zweifel gezogen, möglicherweise deshalb, weil der Seekadett ein englischer Prinz war, der nachmalige König George V. von England.

Visionen von alten Segelschiffen unter voller Leinwand, die viele Seeleute auf allen Weltmeeren bei Tag und bei Nacht gehabt haben, können natürlich aus einem kollektiven Glauben an Legenden erwachsen, die längst der Vergangenheit angehören. Sobald sich eine Legende, zumal eine so anschauliche wie die vom *Fliegenden Holländer*, im Bewußtsein der Seefahrer festgesetzt hat, fällt es nicht besonders schwer, sich selbst und andere davon zu überzeugen, daß man ein Geisterschiff gesehen habe. Das gilt vor allem dann, wenn hinterher ein Seemann durch einen Unfall ums Leben kommt oder aus anderen Gründen verschwindet, zum Beispiel weil er über Bord fällt.

Ein Geist in Menschengestalt, dem angeblich schon zahlreiche Seeleute im westlichen Pazifik begegnet sind, ist der »kinnlose Offizier«, der während der Nachtwache auf der

Brücke von Handelsschiffen erscheint, den Kurs überprüft und sich nach dem Funkwetterbericht erkundigt. Zunächst halten ihn die Matrosen für den diensthabenden Wachoffizier. Seine untere Gesichtshälfte ist mit einem Schal vermummt. Manchmal fällt der Schal herunter, und dann verschwindet der Mann ohne ein weiteres Wort. Der Rudergänger bekommt einen Schock, nachdem er gesehen hat, daß der Offizier nicht zum Schiff gehört, sondern eine Person oder Erscheinung ist, die kein Kinn mehr hat. Auf eine solche Begegnung folgt in der Regel ein Unglück, das der Besatzung oder dem Schiff zustößt.

Der gespenstische »kinnlose Offizier« muß vor nicht allzu langer Zeit tatsächlich existiert haben. In der Seemannsfolklore heißt es, daß ihm der Unterkiefer von dem schwingenden Haken eines Ladekrans weggerissen wurde. Er starb an den Folgen eines Schocks und aus Mangel an medizinischer Versorgung. Seither ist er zu einem häufig beschriebenen psychischen Phänomen in der internationalen Handelsschiffahrt geworden.

Eine schon früher vermeldete Geistererscheinung auf den Seewegen des Pazifiks war der berühmte »Ladylips«, angeblich der Kapitän des französischen Kanonenboots *Ville de Paris*. Um den englischen Verfolgern zu entgehen, segelte das Kanonenboot 1782 um die Südspitze Südamerikas herum in den Pazifik und wurde vom Wind westwärts getrieben. Als der Proviant zur Neige ging, versuchten die Männer mit einem Stück Flanell an einem Bootshaken Fische zu fangen. Ein Hai zerrte an der Leine, traf »Ladylips« mit dem Bootshaken und riß ihm dabei den Kiefer weg. Der Verwundete schnitt sich die Pulsadern auf, um seinem Leiden ein Ende zu machen, und bot seinen Leuten sein Blut an. Sie erreichten schließlich eine Pazifikinsel, nachdem sie ihren Kapitän verzehrt hatten. »Ladylips« ist von Handels- und Kriegsschiffsbesatzungen gesehen worden. Insgesamt mehr als 500 Personen haben behauptet, sie hätten ihn auf dem Meeresspiegel oder zwischen den Rahen stehen sehen – »an Stellen, wo sich ein lebendiger Mensch unmöglich aufhalten kann«, wie Vincent Gaddis erklärt.

Geisterschiffe – Phantome oder reale Schiffe, die verschollen sind – befahren dem Vernehmen nach die Weltmeere und zwingen bisweilen andere Schiffe, ihr Schicksal zu teilen und zu sinken.

Diese Legenden, so phantastisch sie auch klingen mögen, könnten sich als reine Wahrheit erweisen, wenn man die folgende Möglichkeit in Betracht zieht.

Zahlreiche Schiffe, die im Drachendreieck verschwunden sind, wurden durch USOs versenkt; die Abkürzung steht für Unidentified Submarine Objects (nicht identifizierte Unterwasserobjekte). Man hat sowohl im Atlantik als auch im Pazifik festgestellt, daß eine Reihe von Schiffskatastrophen durch Kollisionen mit den Rümpfen bereits gesunkener Schiffe verursacht worden sind. Diese Schiffsrümpfe ruhen aus verschiedenerlei Gründen nicht auf dem Meeresgrund, sondern treiben relativ dicht unter der Wasseroberfläche. Sie werden von den vorherrschenden Meeresströmungen verdriftet und von Stürmen und unterseeischen seismischen Bewegungen zusätzlich angetrieben. Wie bereits gesagt, stellen solche Wracks eine extrem große Gefahr dar, und man ist sehr bestrebt, sie zu orten und zu beseitigen.

Vielleicht läßt sich mit dieser Theorie der treibenden Schiffsrümpfe auch das Verschwinden einiger Unterseeboote erklären, in deren Karten wohl die Positionen – soweit bekannt – von festliegenden, aber nicht von beweglichen Wracks verzeichnet wird.

Manche Schiffe verschwinden, tauchen wieder auf und gehen dann abermals verloren – ein Phänomen, das von allen Weltmeeren bekannt ist. Es gibt viele Geschichten von Schiffen, die auf ein herrenloses Schiff trafen, ein Prisenkommando an

Bord schickten und dann die Prise mitsamt dem Kommando verloren.

Einige Geisterschiffe setzten ihre Fahrt noch eine Zeitlang fort, nachdem sie von den Besatzungen verlassen wurden. Berühmt geworden ist der Fall des französischen Passagierdampfers *Frigorifique*, der im Nebel mit dem Kohlenfrachter *Rumney* zusammenstieß und von der Besatzung aufgegeben wurde, als er voll Wasser lief. Die Besatzung und die Passagiere feierten gerade an Bord der *Rumney* ihre Rettung, als die *Frigorifique* plötzlich aus dem Nebel auftauchte und das Kohlenschiff nur knapp verfehlte. Die *Frigorifique* wurde noch ein zweites Mal gesichtet, und diesmal rammte sie die *Rumney*. Die Überlebenden des französischen Schiffs und die englische Besatzung des Kohlendampfers mußten daraufhin gemeinsam in die Rettungsboote steigen.

Manchmal kommen Schiffe, die nachweislich gesunken sind, wieder zum Vorschein, weil sich große Luftblasen im Rumpf befinden oder weil eine schwere Ladung über Bord gegangen ist. Etwas Kurioses passierte der *Dhama*, die mit einer schweren Zuckerfracht unterging. Als sich der Zucker im Wasser aufgelöst hatte, trieb das Schiff wieder an die Oberfläche.

Gelegentlich gibt es keine glaubwürdige Erklärung für das Verschwinden eines bestimmten Schiffs. Im Jahre 1967 empfing die Seefunkstation in Tokio eine Nachricht von der *Cleveland*, einem 10 265-Tonnen-Tanker, der der Cleveland Transport Company in New York gehörte. Der Funkspruch besagte, daß im Maschinenraum ein Feuer ausgebrochen war, das von der Mannschaft bekämpft wurde. In einer weiteren Meldung hieß es dann, das Schiff sei leckgeschlagen und werde von der Besatzung aufgegeben.

Flugzeuge nahmen sofort die Suche auf und entdeckten einen Ölfleck vor Sasebo, was ungefähr der von der *Cleveland* zuletzt angegebenen Position entsprach. Als man keine weiteren Hinweise fand, wurde die Suchaktion abgeblasen, und das japanische Seesicherheitsamt informierte die Cleveland Transport Company ordnungsgemäß über den Untergang ihres Schiffs.

Zur großen Überraschung der Beamten bestritt die Cleveland Transport Company den Verlust; sie erwiderte, die *Cleveland* liege in Bombay vor Anker, sehr weit von Japan entfernt. Doch als man die Liegeplätze in Bombay überprüfte, stellte sich heraus, daß das Schiff nicht mehr da war.

Wie hatte es dann einen Notruf in der Nähe von Sasebo absetzen können? Geht man von dem Datum des Auslaufens in Bombay aus, dann konnte die *Cleveland* unmöglich die Umgebung von Sasebo erreicht und dort SOS gefunkt haben – es sei denn, sie hätte eine Geschwindigkeit von mindestens 120 Knoten (für Landratten: über 220 Stundenkilometer) vorgelegt. Die Höchstgeschwindigkeit eines Tankers beträgt jedoch allenfalls ein Sechstel dieses phantastischen Werts. Weder die Antwort auf diese Frage noch das Schiff selbst wurden jemals gefunden, und es bleibt ein Geheimnis, wie es so schnell in japanische Gewässer gelangte. (Oder wurde es telekinetisch dorthin versetzt?)

Ein anderer mysteriöser Zwischenfall ereignete sich an Bord der *Carlota*, eines philippinischen Flaggschiffs, das ursprünglich *Salvador II* hieß und 1977 umgetauft wurde. Als das Schiff 1987 im Drachendreieck unterwegs war, brach aus unerfindlichen Gründen ein Feuer aus. Im Kettenkasten und in dessen Umgebung, wo es zu brennen begann, befanden sich keinerlei brennbare Stoffe. Die Mannschaft bemühte sich vergebens, den Brand zu löschen. Während die Männer die Flammen in einem Teil des Schiffes bekämpften, brach an anderer Stelle ein neues Feuer aus. Obwohl alle Löschversuche nichts fruchteten, erloschen die Feuer unvermittelt von selbst.

Die brandgeschädigte *Carlota* liegt noch immer in Manila vor Anker, kann aber nicht verkauft oder abgewrackt werden,

Das lädierte Schwergutschiff Carlota, ein weiteres Rätselschiff des Drachendreiecks (Foto: Peter Myers)

solange die Behörden nicht geklärt haben, was in diesem merkwürdigen Fall von Selbstentzündung auf hoher See tatsächlich passiert ist.

Ein noch größeres Geheimnis, das ebenfalls mit dem Pazifik verknüpft ist, umgibt das seltsame Schicksal der *Joyita*. Das 1931 als Luxusjacht gebaute Schiff von 23 Meter Länge und 70 Tonnen wurde zum Inbegriff des Unglücksschiffs. Der erste Besitzer war ein Hollywood-Regisseur, doch die »Filmkarriere« der Jacht war zu Ende, nachdem der Star Thelma Todd auf rätselhafte Weise an Bord gestorben war. Die *Joyita*

Die Banaluna wurde von ihrer Besatzung aufgegeben. Niemand weiß,
warum aus diesem Tanker ein Geisterschiff des Dreiecks wurde
(Foto: National Maritime Museum Greenwich, London)

wurde requiriert und im Zweiten Weltkrieg als Patrouillenboot eingesetzt, lief aber gleich vor Hawaii auf Grund. Der
untere Teil des Rumpfs mußte neu beplankt werden. Nach
dem Krieg wurde das Schiff in einen Fischkutter umgewan-
delt, nachdem man es ausgeweidet und mit Gefrierkammern
ausgestattet hatte. Fast 20 Kubikmeter Kork wurden als Iso-
liermaterial eingebaut.

Das Schiff wurde schließlich 1953 von einem britischen Seemann gechartert, einem Korvettenkapitän namens Thomas
Henry »Dusty« Miller. Sein Fischereiunternehmen war ein
Reinfall, und 1955 war Miller in Samoa – und in großer fi-
nanzieller Bedrängnis. Hier lernte er R. D. Pearless kennen,
den frisch ernannten Verwaltungschef der 430 Kilometer wei-

ter nördlich gelegenen Tokelau-Inseln. Pearless plante für seine Inseln bessere Verkehrsverbindungen und versuchte für die *Joyita* eine jährliche Charter zu arrangieren. Als dieses Vorhaben fehlschlug, handelte er eine Charter für ein Kopra-Unternehmen aus.

Die glückliche Wende kam genau im richtigen Augenblick. Miller lebte inzwischen allein auf dem Schiff und war nicht mehr in der Lage, neue Fischfangexpeditionen zu finanzieren, seine Besatzung zu bezahlen oder auch nur Lebensmittel für sich selbst zu kaufen.

Um 11 Uhr am 2. Oktober 1955 war die *Joyita* im Hafen von Apia auf Samoa zum Auslaufen bereit. Sie war schwer beladen mit Nahrungsmitteln und Medikamenten, die auf den Tokelaus dringend benötigt wurden. An Bord befanden sich Pearless, Dr. A. D. Parsons vom Krankenhaus in Apia, ein Apotheker und sieben Tokelau-Insulaner, die in Samoa gestrandet waren. Hinzu kamen noch 16 Mann Besatzung und zwei Vertreter der Koprafirma.

Es stellte sich schon sehr bald heraus, daß das Schiff in einem miserablen Zustand war. Noch bevor es den Hafen verlassen konnte, schoß eine Rauchwolke aus der Bordwand hervor, und es begann abzutreiben. Eine Maschine war ausgefallen. Miller versicherte den Hafenbeamten, der Schaden sei in wenigen Stunden behoben. Die *Joyita* konnte um Mitternacht auslaufen, und auch dann nur mit einer Maschine, denn die Kupplung der Backbordmaschine war gebrochen.

Am Bestimmungsort des Schiffs, dem Hafen von Fakaofu, erwarteten die Inselbewohner sehnlichst die Ankunft der *Joyita*. Doch als die Zeit verging und das Schiff nicht auftauchte, wurden sie unruhig. Schließlich wurde das Schiff als überfällig gemeldet, und am 6. Oktober lief eine Suchaktion an. Fast eine ganze Woche lang wurde ein Gebiet von rund 250 000 Quadratkilometern abgesucht, doch es fand sich keine Spur des Schiffs.

Die Suchoperation war bereits seit fast einem Monat beendet, als am 10. November das Versorgungsschiff *Tuvalu* der Funkstation auf den Fidschiinseln mitteilte, man habe die *Joyita* ausgemacht, etwa 720 Kilometer westsüdwestlich von Samoa. Das Schiff hatte schwere Schlagseite, und das Deck lag großtenteils unter Wasser. Ein Steuergerät über dem Deckshaus war zerschmettert, und eine Plane war als Sonnensegel gesetzt worden. Von den 28 Personen, die sich ursprünglich auf dem Schiff befunden hatten, war niemand mehr an Bord, und man entdeckte auch weder das Logbuch noch irgendeine Nachricht.

Das Rätsel wurde immer größer. Es hatte fast den Anschein, als habe die *Joyita* einen Kurs genommen, der dem vorausgeplanten genau entgegengesetzt war, und es zeigte sich, daß sie in Apia stattliche Lebensmittelvorräte und Treibstoff für eine Strecke von fast 5000 Kilometern übernommen hatte. Die Untersuchung des Schiffs ergab, daß die verbliebene Maschine ausgefallen war und daß man versucht hatte, die andere zu reparieren. Auf dem Schiff befanden sich keine brauchbaren Navigationsinstrumente mehr, und das Beiboot mit Außenbordmotor sowie die beiden Rettungsflöße für zehn bzw. 16 Personen fehlten. Eine neue Suche in der Region wurde eingeleitet, aber das Boot, die Flöße und die Menschen blieben verschwunden.

Der Rumpf der *Joyita* hatte kleinere Schäden durch Welleneinwirkung davongetragen, machte aber einen seetüchtigen Eindruck. Die Ursache des Lecks war ein durchgerostetes Kühlmittelrohr unter den Bodenplanken des Maschinenraums. Eine genauere Untersuchung enthüllte auch den Grund, warum niemand einen SOS-Ruf aufgefangen hatte, obwohl nachweislich ein solches Notsignal abgesetzt worden war. Die Zuleitung zur Sendeantenne war 45 Zentimeter über dem Funkgerät gerissen, so daß der Sender nur noch eine Reichweite von einigen Kilometern hatte.

Die Rätselfrage, weshalb das herrenlose Schiff von den Suchmannschaften nicht geortet werden konnte, wurde während
des Abschleppmanövers mit dem Ziel Suva auf den Fidschis
teilweise beantwortet. Der aus Metall bestehende Schlepper,
die *Degei*, zeichnete sich aus einer Entfernung von etwa 30
Kilometern deutlich auf dem Radarschirm ab, aber die aus
Holz gebaute *Joyita* wurde nicht abgebildet, selbst wenn das
Radar ganz in ihrer Nähe war.

Nachforschungen im Hafen ergaben, daß nicht nur Besatzung und Passagiere, sondern auch die Ladung verschwunden waren. Außerdem fand man jetzt einen aufgeweichten
Arztkoffer, der ein korrodiertes Stethoskop, ein Skalpell, einige Nadeln und Katgut sowie mehrere blutbefleckte Verbände enthielt.

In der Lokalpresse wurden Theorien über Meeresungeheuer
und Piraten aufgestellt. Man mutmaßte, der Kurs der *Joyita*
habe sich mit den Operationen der japanischen Fischereiflotte gekreuzt, und die Gegner aus dem noch nicht lange vergangenen Krieg wurden als potentielle Schurken angepran-
gert. Vielleicht hatte auch der Distriktverwaltungschef
Pearless etwas gesehen, was er nicht hätte sehen sollen.

Insgesamt 28 Zeugen wurden vor einen Untersuchungsausschuß zitiert, der am 22. Februar 1956 seine Ergebnisse vorlegte. Die Darstellung der Schiffskatastrophe war eine ziemlich einfache Sache. Das Leck unter den Maschinen hatte
eine Überflutung des Schiffs bewirkt, zumal da die Lenzpumpen nicht funktionierten. Weil die Maschine unter Wasser
stand, war das Schiff auf hoher See manövrierunfähig geworden. Aber die Ausschußmitglieder waren ratlos, als es um die
Frage ging, was mit der Besatzung und den Passagieren geschehen war. Anscheinend hatten sie das Beiboot und die
Rettungsflöße benutzt, und somit bestand eine geringe Chan-
ce, daß Überlebende auf einer der vielen hundert kleinen
Inseln in dieser Region Zuflucht gefunden hatten. Ein schwe-

rer Vorwurf traf Miller, weil er mit einem unsicheren Schiff in See gestochen war, ohne einen funktionsfähigen Sender und ohne ein ordnungsgemäß ausgerüstetes Rettungsboot. Möglicherweise war er das Risiko nur deshalb eingegangen, weil der Laderaum mit Kork isoliert war. Einem Hafenbeamten in Apia hatte Miller nämlich erklärt: »Wenn diesem Kahn etwas zustoßen sollte, wäre es verrückt, ihn aufzugeben, denn er ist unsinkbar.«

Die *Joyita* wurde versteigert, überholt und noch 1956 wieder in Dienst gestellt. Aber schon 1957 lief sie mit 13 Passagieren auf Grund, 1959 noch einmal. Da ihr der üble Ruf eines Geister- und Unglücksschiffes anhaftete, wurde sie als Hulk auf der Insel Levuka zurückgelassen.

Dort erwarb sie der Schriftsteller Robin Maugham, der seine eigene Theorie über die Tragödie dieses Schiffs entwickelte: Am Abend des 3. Oktober geriet die *Joyita* in ein Unwetter, in dem das verrostete Rohr in der Bilge zu Bruch ging. Die Pumpen arbeiteten nicht, und als die Maschinen überflutet wurden, verlor das Schiff seine Steuer- und Manövrierfähigkeit.

Um 10.25, als die Uhr stehenblieb, bekam das aus leichtem Holz gebaute Ruderhaus einen Brecher ab, der die Backbordseite wegriß und in den Laderaum eindrang. In dieser Situation wurde das Schiff aufgegeben.

Die medizinischen Gerätschaften und die Verbände deuten darauf hin, daß jemand ärztlich versorgt werden mußte. Maugham glaubt, diese Person sei Miller gewesen. Da das Schiff scheinbar zu sinken begann und der einzige Mann, der wußte, daß es unsinkbar war, das Bewußtsein verloren hatte, war es verständlich, daß die Passagiere und ein Teil der Besatzung in die Rettungsflöße stiegen. Vielleicht blieben einige Europäer an Bord. Ein Matrose, Tanini, war Miller treu ergeben. Als der Steuermann in der Ferne ein Riff sichtete und der Wind günstig war, begaben sich alle in die Flöße. Doch die Meeresströmungen in diesem Seegebiet trieben die Schiffbrüchigen in die entgegengesetzte Richtung, und sie verschwanden auf Nimmerwiedersehen.

Miller ist möglicherweise auf dem Schiff geblieben, betreut von Tanini und geschützt durch das Sonnensegel, das mit Seemannsknoten am lädierten Ruderhaus befestigt war. Maugham vermutet ferner, daß Miller starb und daß die *Joyita*, auf der nur noch Tanini am Leben war, weiterdriftete. Als japanische Fischer das Schiff abfingen, griff der halb verhungerte und geistig zurückgebliebene Insulaner sie an und ging dabei vermutlich über Bord. Angesichts eines Schiffs, das offenbar jeden Augenblick sinken konnte, beschlossen die Japaner, die als Retter und nicht als Piraten gekommen waren, sich der Ladung zu bemächtigen und die *Joyita* untergehen zu lassen – doch sie ging nicht unter.

Maugham gibt zu, daß seine Theorie nur auf Annahmen beruht. Aber da niemand überlebt hat, um die wirkliche Geschichte zu erzählen, ist die *Joyita* mittlerweile längst weit von den Fakten abgetrieben, hinaus aufs Meer der Mutmaßungen.

Für den Erforscher des Ungewöhnlichen ist der Pazifik eine Fundgrube wahrer Seemannsgeschichten. Man denke nur an die letzte Fahrt der *Melanesian*, eines Motorschiffs von 130 Tonnen, das beim Sikiana-Atoll eine routinemäßige Kreuzfahrt zwischen den Inseln antrat. Als das Schiff auslief, waren 64 Menschen an Bord – sie wurden nie wieder gesehen. Nachdem die *Melanesian* ihre letzte Position in der Nähe der Insel Sikerane gemeldet hatte, schien sie vom Erdboden verschluckt worden zu sein.

Später fand man ein Stück Treibholz, einen Auftriebstank – und die Leiche des Bootsmanns.

Sowohl die Leiche als auch der Tank waren einem gewaltigen Druck ausgesetzt gewesen. Ein Untersuchungsausschuß prüfte zunächst, ob die *Melanesian* auf eine Mine gelaufen sei, kam aber schließlich zu dem Ergebnis, daß irgendeine nicht genau bestimmbare Riesenkraft das Schiff zermalmt habe.

Das Rätselschiff des Jahres 1958 war die Jacht *Annette*. Sie verließ die Insel Apia mit Kurs auf die Fidschiinsel Suva, sank aber auf dem Dibble's Reef unweit der Insel Vanua Levu. Das Takelwerk war intakt geblieben, doch den Rumpf hatte das Korallenriff aufgerissen. An Bord schien alles in Ordnung zu sein – abgesehen von der Tatsache, daß das Ehepaar, das die Jacht geführt hatte, verschwunden war. Das Beiboot der *Annette* fehlte, wurde aber ungefähr 100 Kilometer entfernt an Land getrieben. Sein Außenbordmotor war verschollen, doch es enthielt noch zwei Ruder und eine Wasserflasche; demnach war es unwahrscheinlich, daß das Boot gekentert und das Ehepaar ertrunken war.

Ein noch grausigeres Schicksal im Pazifik erlitt der Besankutter *Wing On*. Das Schiff war mit drei angeschlagenen Segeln und festgezurrter Ruderpinne schräg auf ein Riff der Fidschiinseln aufgelaufen, als man es 1940 entdeckte. Es schien verlassen zu sein, doch als die Suchmannschaft an Bord stieg, fand sie in der überfluteten Kabine eine fast verhungerte Frau, die den Kopf kaum noch über Wasser halten konnte. Als die Retter sie herauszogen, entdeckten sie, daß sie versucht hatte, die Leiche einer anderen Frau hochzuhalten. Bei der weiteren Suche kam dann auch noch der verweste Leichnam eines Mannes zum Vorschein.

Die Gruppe hatte ursprünglich aus zwei jungen Ehepaaren bestanden, die von San Francisco zu den Marquesasinseln segeln wollten. Der Kutter war leck, die Lenzpumpen waren defekt und die Navigationsinstrumente unzulänglich. Als das Schiff vom Kurs abkam, gingen den Menschen an Bord die Lebensmittel aus, und sie wären fast verhungert, während sie rund 3000 Kilometer von ihrem Ziel entfernt auf dem Meer trieben.

Die rätselhaften Vorgänge im Pazifik beschränken sich nicht

nur auf Wasserfahrzeuge. Etwas Furchtbares ereignete sich an einem Spätsommertag des Jahres 1939 in der Luft – und bis heute ist dieser Zwischenfall in einen Schleier des Geheimnisses gehüllt.

Bekannt ist lediglich, daß eine Militärtransportmaschine um 15.30 Uhr auf dem Marinestützpunkt von San Diego startete. Drei Stunden später, als sich das Flugzeug über dem Pazifischen Ozean befand, wurde ein panischer Notruf aufgefangen. Dann riß die Funkverbindung ab.

Kurz darauf kehrte die flügellahme Maschine zum Stützpunkt zurück und machte eine Notlandung. Die Bodenbesatzung raste los, und als sie das Flugzeug bestieg, bot sich ihr ein grauenhafter Anblick: 12 Männer waren tot. Der einzige Überlebende war der Copilot, der zwar schwer verletzt war, aber lange genug am Leben geblieben war, um die Maschine zurückzubringen. Nach einigen Minuten starb er ebenfalls.

Alle Leichen wiesen große, klaffende Wunden auf. Noch unheimlicher war, daß der Pilot und der Copilot ihre Colts auf irgendein Ziel leergeschossen hatten. Die Patronenhülsen lagen auf dem Boden des Cockpits. Das Innere der Maschine war von einem ekelerregenden schwefelartigen Gestank erfüllt.

Äußerlich war das Flugzeug stark beschädigt, so als sei es von Raketen getroffen worden. Die Männer des Bodenpersonals, die sich in der Maschine aufgehalten hatten, zogen sich eine seltsame Hautinfektion zu.

Sofort wurden strenge Sicherheitsmaßnahmen eingeleitet, und die Rettungsmannschaft mußte das Flugzeug verlassen. Mit der Bergung der Leichen und der Untersuchung des Unfalls wurden drei Sanitätsoffiziere beauftragt.

Der Zwischenfall wurde mit Erfolg vertuscht und kam erst 15 Jahre später ans Licht, als der Rechercheur Robert Coe Gardner von einem Mann, der dabeigewesen war, etwas über die Geschichte erfuhr. Das Rätsel, was der Flugzeugbesatzung an jenem Nachmittag des Jahres 1939 hoch in der Luft zugestoßen war, ist nie gelöst worden.

Ein anderer mysteriöser Luftzwischenfall erregte in den dreißiger Jahren weltweites Aufsehen, und er gilt noch immer als eines der rätselhaftesten Vorkommnisse überhaupt. Als die Fliegerin Amelia Earhart zusammen mit ihrem Navigator 1937 auf der drittletzten Etappe ihres Flugs um die Welt verschwand, verwandelte sich ihre Berühmtheit in eine Legende. Diese drittletzte Etappe, an deren Ende eine Zwischenlandung zum Auftanken auf der Insel Howland stehen sollte, war die schwierigste des gesamten Unternehmens. Eine Strecke von rund 4000 Kilometern über dem offenen Meer mußte bewältigt und eine kleine Insel, drei Kilometer lang und knapp einen Kilometer breit, angeflogen werden. Am 2. Juli 1937 m 10.30 Uhr hob die Electra ab. Die *USS Ontario* war als »Wachtposten« auf halbem Wege zwischen Lae und Howland stationiert, und die *Swan* erfüllte die gleiche Aufgabe zwischen Howland und Hawaii. Ein Kutter der amerikanischen Küstenwache, die *Itasca*, stand bei Howland bereit, um den Flugverkehr beim Landeanflug zu überwachen. Der Flug hätte 18 Stunden dauern sollen. Doch die Funksprüche, die von der *Itasca* aufgefangen wurden, belegen, daß die Electra 20 Stunden und 25 Minuten in der Luft war. Amelia hatte sich rund 300 Kilometer vor dem Ziel gemeldet, ohne Land zu sichten, dann kam sie auf etwa 150 Kilometer heran und begann zu kreisen, um die Insel aufzuspüren. Die letzte Botschaft, die die *Itasca* empfing, war eine unvollständige Positionsmeldung, aus der hervorging, daß die Maschine nordwärts und südwärts flog, um die Insel zu finden. Darauf trat Funkstille ein.

Die Aufregung, die auf Amelia Earharts Verschwinden folgte, war immens; die Zeitungen druckten Schlagzeilen wie »LADY LINDY VERSCHOLLEN!«. Mehr als ein Dutzend

Schiffe, darunter der Flugzeugträger *Lexington* und das Schlachtschiff *Colorado*, suchten im Pazifik ein Gebiet von fast 700000 Quadratkilometern ab – und fanden keinerlei Spuren des Flugzeugs oder der Insassen. Um die heftigen Reaktionen auf den Earhart-Zwischenfall ermessen zu können, muß man sich vorstellen, daß heutzutage ein bemanntes Raumschiff im All verschwinden würde.

Die offizielle Lesart lautete, Amelia Earhart sei womöglich über die Insel Howland hinausgeflogen, habe auf der Suche nach ihr Kreise gezogen, ohne sie zu finden, und sei dann in den Pazifischen Ozean gestürzt.

Fast ein Vierteljahrhundert nach dem Ereignis kam dem CBS-Reporter Fred Goerner eine Geschichte zu Ohren, die von einem Ehepaar aus Saipan verbreitet wurde. 1937 hielten die japanischen Behörden auf dieser Insel zwei weiße Gefangene, einen Mann und eine Frau, in Haft. Die beiden waren Flieger und wurden als Spione verdächtigt. Der Mann wurde hingerichtet, die Frau soll im Gefängnis gestorben sein.

Nach mehrjährigen Recherchen, die von der amerikanischen Regierung unauffällig behindert wurden, legte Goerner sein Buch *The Search for Amelia Earhart* vor, in dem er ein paar peinliche Fakten präsentierte: Die amerikanischen Suchmannschaften verfügten nicht über eine vollständige Niederschrift von Amelia Earharts Funksprüchen. Spezielle Übertragungsanlagen waren auf Howland installiert worden, doch das Bedienungspersonal gehörte nicht der Küstenwache, sondern der Kriegsmarine an. Der ursprüngliche Flugplan hätte zum Auftanken eine Zwischenlandung auf den Midways und nicht auf der Insel Howland erforderlich gemacht.

Die Gründe für diese Änderungen hingen mit dem japanischen Mandat über die Marshall-, Karolinen- und Chamorroinseln zusammen. Die ursprünglich spanischen Besitzungen waren vom Deutschen Reich erworben worden und fielen im Ersten Weltkrieg an Japan. Der Völkerbund hatte jedoch nur die Inseln selbst zu japanischen Mandatsgebieten erklärt, und das nur unter der Bedingung, daß sie nicht militarisiert werden durften. Doch Japan wurde in den dreißiger Jahren praktisch zu einer Militärdiktatur, und die Militarisierung der Mandatsgebiete war schon seit den zwanziger Jahren im Gange. Die Gewässer in der Region wurden für ausländische Schiffe gesperrt, und ausländische Flugzeuge durften auf den Inselflugplätzen nicht mehr landen. Als der Völkerbund diese Politik monierte, trat Japan 1935 aus der Organisation aus.

Amerikanische Agenten hatten schon seit den zwanziger Jahren versucht, das Gebiet zu infiltrieren. Ein Oberstleutnant der US-Marine namens Earl Hancock »Pete« Ellis reiste, als deutscher Geschäftsmann getarnt, in der Region umher. In einem Bericht von 1921 sagte er voraus, daß die Japaner wahrscheinlich Pearl Harbor angreifen würden – 20 Jahre vor dem tatsächlichen Angriff.

Vielleicht, so vermutet Goerner, hatte die amerikanische Regierung Amelia Earhart dazu überredet, die Marshallinseln im Nordwesten von Howland zu überfliegen und weiter bis zu den Trukinseln vorzudringen, um den dort gelegenen wichtigen Stützpunkt der Japaner auszuspähen. Goerner fand heraus, daß das Flugzeug während eines längeren Aufenthalts auf Java mit stärkeren Motoren ausgerüstet worden war – die Electra war dadurch so schnell geworden, daß sie die Schleife über die Marshall- und die Karolineninseln hätte fliegen und dennoch Howland zur vorausberechneten Ankunftszeit erreichen können.

Goerner weist ferner darauf hin, daß in dem Bericht der Marine, an dem sich die Suchoperationen orientierten, festgestellt wird, Amelia Earhart und ihr Navigator Noonan hätten auf der gesamten Flugstrecke gutes Wetter haben müssen. Doch in einem der Funksprüche, die von der Küstenwache nicht weitergegeben wurden, ist von schlechtem Wetter die

Rede – und die einzige Schlechtwetterzone in der Region lag weiter nordwestlich.

Angenommen, die *Electra* hatte Truk überflogen, sich bei schlechtem Wetter verfranzt und Howland verfehlt? In dem zuletzt aufgefangenen Funkspruch hieß es, die Maschine werde nach Norden und Süden fliegen. Wenn sie tatsächlich nordwärts geflogen ist in der Hoffnung, die britisch verwalteten Gilbertinseln zu erreichen, dann könnte sie über der Gruppe der Marshallinseln abgestürzt sein – wo die Besatzung von den Japanern gefangengenommen worden wäre. Aufschlußreich ist jedenfalls, daß japanische Truppen fünf Tage nach dem Earhart-Zwischenfall in China einmarschiert sind. Falls Amelia Earhart und Noonan im Verdacht standen, Informationen über japanische Militäroperationen gesammelt zu haben, dann war ihr Schicksal besiegelt.

Weitere Nachforschungen, die Goerner anstellte, haben ergeben, daß 1944, kurz nach der Eroberung Saipans durch die Amerikaner, ein Marinekommando den Auftrag erhielt, auf dem Friedhof der Insel zwei Leichen zu exhumieren – die Leichen von Amelia Earhart und Fred Noonan. Sie wurden heimlich in die USA geschafft.

Der Grund für diese Geheimhaltung? Der große Umschwung in der öffentlichen Meinung Amerikas. In der isolationistischen Grundstimmung des Jahres 1937 wäre jeder Versuch, die Japaner zur Herausgabe von Informationen über den Verbleib von Amelia Earhart zu zwingen, einer Kriegserklärung an Japan gleichgekommen und hätte wahrscheinlich zu einer öffentlichen Anklage gegen Präsident Roosevelt geführt, während 1944 die Entdeckung der Leiche von Amelia Earhart, die offensichtlich wegen Spionage hingerichtet wurde, einen ähnlichen Protest gegen Roosevelt ausgelöst hätte – und das in einem schwierigen Wahlkampf. Die amerikanische Öffentlichkeit hat ein kurzes Gedächtnis und hätte ihre Einstellung aus der Zeit vor sieben Jahren vergessen.

Fest steht jedenfalls, daß die amerikanische Regierung, allen Anstrengungen Goerners zum Trotz, bis heute keine Informationen oder Beweisstücke vorgelegt hat, die das Schicksal Amelia Earharts betreffen.

Goerners Thesen haben zwar viel öffentliches Aufsehen erregt, werden aber nicht voll akzeptiert. Viele Kritiker verweisen darauf, daß Amelia Earhart durch ihre Tätigkeit als Krankenschwester im Ersten Weltkrieg zu einer entschiedenen Pazifistin geworden sei. Die Vorstellung wäre paradox, daß ausgerechnet sie sich dazu bereit erklärt haben könnte, für die amerikanische Regierung einen militärischen Geheimauftrag zu übernehmen.

Das vielleicht größte Paradoxon liegt jedoch in Amelia Earharts Ende, falls Goerner mit seiner Hypothese recht hat. Diese große Fliegerin trotzte den Tücken des Bermudadreiecks, ohne Schaden zu nehmen, und steuerte einen Kurs über dem Pazifik. Ob sie abstürzte, abgeschossen oder festgenommen und hingerichtet wurde, werden wir wohl niemals erfahren. Aber sie bleibt eines der berühmtesten und faszinierendsten Opfer des Drachendreiecks.

8

Mikakunin hiko-buttai

Berichten zufolge drohen der Schiffahrt im Drachendreieck Gefahren von offensichtlich unberechenbaren untersee-ischen Vorgängen, in denen Einflüsse aus dem inneren und äußeren Weltraum wirksam werden. Große und kleine Schif-fe gerieten auf Kollisionskurs mit Phänomenen, die erstmals in Japan als *mikakunin hiko-buttai* (unbekannte Flugobjekte) beschrieben wurden und auch dort heutzutage allgemein als UFOs bezeichnet werden.

Auf den japanischen Inseln kommt UFO-Berichten eine be-sondere Bedeutung zu. Die Japaner sind gewöhnt an Natur-erscheinungen wie Erdbeben, Taifune und Flutwellen. Schon seit Jahrhunderten haben sie seltsame Objekte am Himmel beobachtet, doch in früheren Zeiten sahen sie darin Götter, Drachen, Geister, Dämonen oder Warnzeichen des Himmels. Heute, da interplanetarische und kosmische Zusammenhän-ge ins allgemeine Bewußtsein eingedrungen sind, haben sich viele dieser mythischen Bilder in Besuche aus dem Weltall verwandelt, und sie werden von einem großen Teil der Japa-ner als solche anerkannt.

Die zahlreichen UFO-Meldungen, die aus verschiedenen Regionen Japans, von den Küstengewässern und Schiffahrtswegen eingehen, finden Beachtung sowohl in staatlichen Institutionen (die ständig auf der Hut sind vor unangemeldeten ausländischen Luftfahrzeugen, denen die UFOs zweifellos zuzurechnen sind) als auch in privaten Organisationen wie etwa der Japanischen Gesellschaft für Weltraumphänomene. Berichte über UFOs werden aber auch überall sonst in der Welt registriert, denn allenthalben wartet man sehnlichst auf ein UFO, das – vielleicht morgen schon – landen wird, mit Erdbewohnern Kontakt aufnimmt und in allen Einzelheiten fotografiert werden kann.

Das UFO-Problem steht auf der Tagesordnung, seitdem der Pilot Kenneth Arnold am 24. Juni 1947 erstmals eine Gruppe von neun runden »fliegenden Untertassen« über dem Mount Rainier im amerikanischen Bundesstaat Washington gesichtet hat. Die UFOs haben sich seither so tief im öffentlichen Bewußtsein eingenistet, daß ein Großteil der Erdbevölkerung nicht nur an ihre Existenz glaubt, sondern auch daran, daß sie gelandet sind und vereinzelt Kontakt zu Menschen aufgenommen haben. Obwohl schon aus der ganzen Welt Tausende von Berichten über Sichtungen und Kontaktversuche vorliegen, gelten UFOs offiziell nach wie vor als Phantome – Phantome, die so plötzlich auftauchen und wieder verschwinden, daß Wissenschaftler und viele Laien noch immer nicht von der Realität dieses Phänomens überzeugt sind.

Wir wissen, daß die alten Japaner sich stets angelegentlich für Lichterscheinungen am Himmel interessiert haben, die vielleicht in Drachenmythen umgedeutet wurden. Einige der ältesten archäologischen Schichten Japans bezeugen jedoch die Möglichkeit eines unmittelbareren extraterrestrischen Einwirkens.

Eine sehr frühe japanische Kulturperiode war die Jomon-Zeit, die von den Archäologen auf etwa 7500-300 v. Chr.

datiert wird und in der Querverbindungen zu polynesischen Kulturen bestanden. Wichtige Artefakte aus dieser Epoche sind Statuetten in Menschengestalt, die zuerst aus Ton geformt und später aus weichem Stein geschnitzt wurden. Die frühen Versionen dieser Kunstwerke waren klein und sehr einfach. Doch in der Mitte der Epoche beginnt sich der Stil vollkommen zu wandeln. Die Statuen werden größer und die dargestellten Figuren weniger menschenähnlich. Der Brustkorb vergrößert sich, die Beine sind gebogen, und die Arme werden länger, während der Kopf dicker und augenscheinlich mit einem Helm bedeckt wird. Der Gesamteindruck ähnelt in der Tat sehr den außerirdischen Wesen, wie sie von jenen Menschen beschrieben wurden, die Begegnungen mit UFOs hatten. Exemplare, die man in Lomoukai in der Provinz Nambu gefunden hat, tragen Helme, und bei einer Statue, die auf 4300 v. Chr. angesetzt wird, ist die untere Gesichtshälfte mit einem Gegenstand bedeckt, der wie eine Lochplatte oder Atemmaske aussieht.

In Dokumenten aus dem japanischen Mittelalter, die über 800 Jahre alt sind, ist die Rede von einem »irdenen Gefäß« (Untertasse?), das am 27. Oktober 1180 durch den Nachthimmel geflogen sei. Eine vergleichbare Sichtung mitsamt einer »offiziellen Reaktion« ist für das Jahr 1235 belegt; damals wurden rätselhafte Lichter beobachtet, die südwestlich des Feldlagers von General Yoritsumes Armee am Himmel kreisten. Als der General eine Untersuchung anordnete, brachten ihm seine weisen Männer die Kunde, es handle sich um eine Naturerscheinung – der Wind habe lediglich die Sterne in Schwingungen versetzt.

Ein Flugobjekt, das die Gestalt einer Trommel gehabt haben soll, stieg 1361 vom Japanischen Meer auf. Bei zahlreichen Gelegenheiten wurden leuchtende Gegenstände gesichtet, die dem Vollmond glichen und manchmal zu mehreren auftraten. Aus der alten Kaiserstadt Kyoto stammen viele Berichte über

Feuerkugeln, die am Himmel zu sehen waren; eine habe Ähnlichkeit mit einem rotierenden roten Rad gehabt.

Diese Schilderung stimmt mit einer neueren UFO-Sichtung überein, die am 24. Juli 1981 in der chinesischen Provinz Kweitschou stattfand. Ein Stern von der scheinbaren Größe des Mondes tauchte auf, und dann wurde ein schimmernder Schweif sichtbar, der den Zentralstern spiralförmig umgab. In diesem Fall haben wahrscheinlich mehr Menschen als jemals zuvor dasselbe UFO gleichzeitig gesehen. Die Zahl der Augenzeugen geht in die Hunderte – vom schlichten Tabakbauern (der glaubte, er habe einen fliegenden Drachen erblickt) bis zu einem Universitätsprofessor, der sein Fernrohr auf das Objekt richtete und eine Reihe von Bullaugen entdeckte.

Die wohl neuesten UFO-Berichte der »Vor-Untertassen-Zeit« stammen aus den Jahren 1944 und 1945 und beziehen sich auf die sogenannten »Foo-fighters«, von denen Militärflugzeuge auf den Bomberrouten nach Japan und über den Trukinseln verfolgt wurden. Dieses Phänomen erlebten auch Nachtbomber über Deutschland. Die Piloten berichteten, sie hätten des Nachts leuchtende orangefarbene, rote oder weiße Lichtflecken und am Tage silbrige Scheiben oder Kugeln gesehen. Der Name des Phänomens ist dem alten Comic strip *Smokey Stover* entlehnt, in dem eine Figur immer wieder murmelt: »Wo Foo ist, da ist auch Feuer.« Foo könnte auch eine Verballhornung des französischen Wortes für Feuer *(feu)* sein. Die Foo-fighters konnten sehr hohe Geschwindigkeiten entwickeln, die auf etwa 300 bis 800 Stundenkilometer geschätzt wurden.

Auf dem europäischen Kriegsschauplatz hielt man die Foo-fighters für eine Geheimwaffe der Nazis, die das Radar der Bomber stören oder die Bomberbesatzungen psychologisch beeinflussen sollte. Nach dem Krieg entdeckten die alliierten Nachrichtendienste bei der Durchsicht von geheimen deutschen Unterlagen, daß eine Waffe namens »Feuerball« zur Störung der feindlichen Radargeräte entwickelt worden war. Wie aber die Waffe auf dem pazifischen Kriegsschauplatz eingesetzt wurde, blieb ungeklärt. Überdies kamen bei der Durchforschung von Akten der ehemaligen Kriegsgegner Berichte deutscher und japanischer Piloten zum Vorschein, die ebenfalls von Foo-fighters verfolgt worden waren – und sie für Geheimwaffen der Alliierten gehalten hatten! Das Phänomen wurde damals auch als eine Plasmaentladung gedeutet, eine Erklärung, die Ufologen unter dem Begriff Kugelblitz sehr vertraut ist. Jedenfalls ist es aufschlußreich, daß die Flugrouten der alliierten Bombergeschwader, die japanische Städte angriffen, mitten durch den Luftraum über dem Drachendreieck verliefen.

In seinem Buch *UFOs and the Limits of Science* behandelt Ronald D. Story die nach seiner Meinung aufregendsten UFO-Zwischenfälle. Sechs ereigneten sich über Amerika, einer über Großbritannien, einer über dem Iran und zwei im pazifischen Raum.

In zwei aufeinanderfolgenden Nächten, am 26. und 27. Juni 1959, erlebten 38 Augenzeugen auf der Boianai-Missionsstation an der Küste von Papua-Neuguinea ein unglaubliches Schauspiel am Himmel. In einem Zeitraum von drei Stunden erschienen und verschwanden immer wieder drei kleine UFOs und ein großes »Mutterschiff«.

Zunächst meinte Pater Gill, er habe oberhalb der Venus einen sehr hellen Stern gesehen. Doch dann stiegen die Himmelskörper zur Erde herab.

Gill rief Steven G. Moi und Eric Langford herbei, damit sie sich das merkwürdige Geschehen ansähen, und schon bald versammelten sich mehr als 30 weitere Personen am Strand. Die glühenden Scheiben schienen die Farben zu wechseln, und man konnte Gestalten erkennen, die auf der großen Scheibe umhergingen – Gestalten, die menschenähnlich aussahen. Ein blauer Lichtstrahl, der vom Deck ausging, erleuchtete die Gestalten, die zudem von einem glühenden Feld umhüllt zu sein schienen. Einige Zeugen behaupteten, sie hätten außerdem am Mutterschiff eine Reihe von Bullaugen gesehen.

In der folgenden Nacht kehrte das Mutterschiff zurück, diesmal nur von zwei kleineren Gefährten eskortiert. Die Gestalten auf dem Deck des Mutterschiffs waren offenbar damit beschäftigt, irgend etwas zu bauen oder zu reparieren. Als das Schiff über Pater Gill hinwegflog, winkte er einer der Gestalten zu, die auf ihn herabblickte, und die Geste wurde erwidert. Nachdem sie einander mehrmals zugewinkt hatten und das Schiff augenscheinlich gewackelt hatte, als Pater Gill es mit einer Taschenlampe anstrahlte, verschwanden die Gestalten wieder im Inneren des UFOs. Sie beendeten anschließend ihre Arbeit. Die UFOs blieben in der Gegend, allerdings in größeren Höhen, und verschwanden nach ungefähr zwei Stunden hinter einer Wolkendecke.

Der zweite Fall, der von Wellington-Kaikoura, ist besonders interessant, denn er gehört zu den wenigen Begegnungen, in denen ein UFO sowohl im Film als auch auf dem Radarschirm eingefangen wurde. Die Radaraufzeichnung war für die Königlich-Neuseeländische Luftwaffe immerhin so beunruhigend, daß Skyhawk-Kampfbomber in Alarmbereitschaft versetzt wurden.

Es gelangen damals zwei Sichtungen, die erste am 21. Dezember 1978 und die zweite (bei der gefilmt wurde) am 31. Dezember. Die ersten Beobachter war die Besatzung einer Argosy-Frachtmaschine, die der Safe-Air Ltd. gehörte. Das Flugzeug folgte einem Kurs längs der Küste der neuseeländischen Südinsel, als der Pilot John B. Randle weiße Lichter am Himmel meldete. Das Flugkontrollradar in Wellington bestätigte, daß sich fünf unerklärliche Objekte in der Luft befanden.

Etwa drei Stunden später wurde eine zweite Argosy der Safe-Air, die dieselbe Route beflog, vom Kontrollturm in Wellington aufgefordert, ein Luftfahrzeug zu identifizieren, das auf dem Radarschirm heftige Impulse auslöste. Das starke Radarecho stammte aus einem Bereich etwa 40 Kilometer backbord der Argosy. Der Kapitän Vern L.A. Powell und sein Copilot schauten aus dem Cockpit und bemerkten das wandernde Licht. Powell erstattete kurz darauf Bericht: »Auf unserem Radar kommt uns irgend etwas mit ungeheurem Tempo entgegen. Es schafft ungefähr 24 Kilometer in fünf Sekunden.« Demnach hätte das Objekt mit einer Geschwindigkeit von fast 18 000 Stundenkilometern dahinrasen müssen.

Der Kanal O des australischen Fernsehens in Melbourne beschloß, einen Bericht über dieses Ereignis zu senden, und beauftragte damit den Reporter Quentin Fogarty, der damals gerade Urlaub in Neuseeland machte. Fogarty engagierte ein Kamerateam, bestehend aus David Crockett und dessen Frau Ngaire, das ihn zwecks Rekonstruktion des Vorfalls auf einem Flug begleiten sollte.

Am 30. Dezember um 9.30 Uhr startete eine Argosy-Frachtmaschine in Blenheim, Neuseeland, mit dem Ziel Wellington. Dort angekommen, interviewte Fogarty die Fluglotsen und flog um 23.46 Uhr weiter. Um 0.10 Uhr am 31. Dezember filmten Fogarty und sein Team im Frachtraum der Maschine, als sie vom Piloten darauf aufmerksam gemacht wurden, daß Lichter am Himmel zu sehen seien. In den nächsten 50 Minuten erschienen und verschwanden pulsierende Kugeln aus farbigem Licht. Crockett versuchte das Schauspiel zu filmen, doch das erwies sich als schwierig. Der Kontrollturm in Wellington bestätigte, daß ein unidentifiziertes Radarecho der Argosy folgte.

Die Maschine landete in Christchurch, doch auf dem Rückflug nach Wellington wurde um 2.15 Uhr auf der Steuerbordseite eine weitere fliegende Lichtquelle entdeckt. Weil das Objekt nicht so weit entfernt war, konnte Crockett es filmen. Die Beobachter beschrieben es als ein untertassenförmiges Gebilde, auf dem eine durchsichtige Kuppel saß. Das UFO näherte sich der Argosy bis auf ungefähr 15 Kilometer.

Am Abend des 31. Dezember kehrte Fogarty mit dem Filmmaterial nach Melbourne zurück – und der Kanal O hatte eine Sensation zu bieten.

Während Fogarty das neuseeländische UFO-Ereignis vor Ort kommentierte, ließ er einmal die Bemerkung fallen: »Hoffen wir, daß sie uns freundlich gesinnt sind.« Vielleicht dachte er dabei an einen UFO-Zwischenfall in Australien, der erst zwei Monate zurücklag: Ein Pilot hatte eine Begegnung mit einem UFO – und ward nie mehr gesehen.

Am 21. Oktober 1978 war Frederick Valentich allein mit seiner weiß-blauen einmotorigen Cessna 182 von Melbourne zum nahen King Island unterwegs und befand sich gerade über der Bass-Straße. Um 19.06 Uhr bemerkte der zwanzigjährige Flieger vier Lichter, die über ihm auftauchten, und er erkundigte sich per Funk bei den Fluglotsen in Melbourne, ob das die Positionslampen einer Militärmaschine seien. Man versicherte ihm, daß sich keine anderen Flugzeuge in der Umgebung aufhielten. Das mysteriöse Luftfahrzeug flog mindestens zweimal über Valentich hinweg, woraufhin der Motor der Cessna zu stottern begann. In Valentichs letztem Funkspruch an Melbourne hieß es, das merkwürdige Objekt »ist kein Flugzeug«. Dann folgte ein unheimliches metallisches Geräusch, und Valentich und seine Cessna waren verschwunden.

Suchkommandos kämmten vier Tage lang das Festland, das Meer und den Luftraum ab, um irgendwelche Anhaltspunkte zu finden, was mit Frederick Valentich passiert sein könnte. Alles, was sie fanden, war ein Ölfleck, doch er schied bei der nachfolgenden Untersuchung als Indiz aus, da er unmöglich von einem Kleinflugzeug stammen konnte. Die einzigen Hinweise zur Lösung des Rätsels sind in der Niederschrift der letzten sechs Minuten des Funksprechverkehrs zwischen dem jugendlichen Piloten (Codebezeichnung Delta Sierra Juliet [DSJ]) und der Flugsicherheit (FS) enthalten:

19:06:14
DSJ: Melbourne, hier Delta Sierra Juliet. Ist dort etwas über Luftverkehr unter 5000 [Fuß] bekannt?
FS: Delta Sierra Juliet, kein Verkehr bekannt.
DJS: Delta Sierra Juliet, ich bin's. Scheint eine große Maschine unter 5000 zu sein.

19:06:44
FS: Delta Sierra Juliet, was für ein Flugzeugtyp ist es?
DSJ: Delta Sierra Juliet, ich kann es nicht sagen, es sind vier helle Lichter, scheinen mir Positionslampen zu sein.

19:07:00
FS: Delta Sierra Juliet.

19:07:31
DSJ: Melbourne, hier Delta Sierra Juliet, das Flugzeug hat mich gerade 1000 Fuß hoch überflogen.
FS: Delta Sierra Juliet, verstanden, und es ist ein großes Flugzeug, können Sie das bestätigen?
DSJ: Äh – weiß nicht, wegen seiner hohen Geschwindigkeit. Sind hier irgendwelche Militärmaschinen in der Luft?
FS: Delta Sierra Juliet, kein bekanntes Flugzeug in der Gegend.

19:08:18
DSJ: Melbourne, es kommt jetzt direkt von Osten auf mich zu.
FS: Delta Sierra Juliet.

19:08:19
[Mikrophon 2 Sekunden lang gestört]

19:08:48

DSJ: Delta Sierra Juliet, ich habe den Eindruck, er treibt irgendein Spiel mit mir, er fliegt über mich weg, zwei-, dreimal, mit einer Geschwindigkeit, die ich nicht bestimmen kann.

19:09:00

FS: Delta Sierra Juliet, verstanden, was ist Ihre augenblickliche Flughöhe?

DSJ: Meine Höhe ist 4500, vier-fünf-zero-zero.

FS: Delta Sierra Juliet, und Sie bestätigen, daß Sie die Maschine nicht identifizieren können?

DSJ: Stimmt.

FS: Delta Sierra Juliet, verstanden, bleiben Sie dran.

19:09:27

DSJ: Melbourne, hier Delta Sierra Juliet, es ist kein Flugzeug, es ist [Mikrophon 2 Sekunden lang gestört].

19:09:42

FS: Delta Sierra Juliet, können Sie das – äh – Flugzeug beschreiben?

DSJ: Delta Sierra Juliet, wenn es vorbeifliegt, hat es eine lange Form [Mikrophon 3 Sekunden lang gestört], kann nur erkennen, daß es eine solche Geschwindigkeit hat [Mikrophon 3 Sekunden lang gestört]. Es ist jetzt genau vor mir, Melbourne.

19:10:00

FS: Delta Sierra Juliet, verstanden, und wie groß könnte das – äh – Objekt sein?

19:10:19

DSJ: Delta Sierra Juliet, Melbourne, es sieht so aus, als bliebe es in der Luft stehen. Ich kreise gerade, und das kreist genau über mir ebenso. Es hat eine grüne Beleuchtung und wirkt metallähnlich. Es ist außen ganz glänzend.

FS: Delta Sierra Juliet.

19:10:46

DSJ: Delta Sierra Juliet [Mikrophon 5 Sekunden lang gestört]. Es ist soeben verschwunden.

FS: Delta Sierra Juliet.

19:11:00

DSJ: Melbourne, wissen Sie vielleicht, was für eine Art Flugzeug ich da vor mir hab'?

FS: Delta Sierra Juliet, bestätigen Sie, daß das – äh – Flugzeug soeben verschwunden ist.

DSJ: Bitte wiederholen.

FS: Delta Sierra Juliet, ist das Flugzeug noch immer bei Ihnen?

DSJ: Delta Sierra Juliet, es [Mikrophon 2 Sekunden lang gestört] nähert sich jetzt von Südwesten.

FS: Delta Sierra Juliet.

19:11:50

DSJ: Delta Sierra Juliet, der Motor läuft unrund, ich habe ihn auf 23, 24 eingestellt, aber das Ding stottert.

FS: Delta Sierra Juliet, verstanden. Was haben Sie vor?

DSJ: Ich habe vor – äh –, nach King Island zu fliegen – äh – Melbourne. Das komische Flugzeug schwebt wieder über mir [Mikrophon 2 Sekunden lang gestört]. Es schwebt, und es ist kein Flugzeug.

FS: Delta Sierra Juliet.

19:12:28

DSJ: Delta Sierra Juliet, Melbourne [Mikrophon 17 Sekunden lang gestört]

(Keine offizielle Aussage wurde zu dem seltsamen Geräusch gemacht, das die letzten Worte des Piloten unterbrach, bevor er aus der Luft – und aus dem Meer – verschwand.)

Zur Begründung seiner Theorie von den gefährlichen zehn »Wirbeln«, die sich in gleichen Abständen über den Erdball verteilen, und den beiden zusätzlichen an den Polen führte Ivan Sanderson Belege an, die auf Fälle von geheimnisvollem Verschwinden in allen einschlägigen Gebieten der Nordhalbkugel hindeuten. Mit den rätselhaften Geschehnissen des Jahres 1978 hat nun vielleicht auch der Wirbel vor Neuseeland seine ersten beiden mysteriösen Zwischenfälle präsentiert – und sein erstes Opfer gefordert.

Ein weiteres potentielles »Wirbelphänomen« war der Luftkampf, den iranische Jagdflugzeuge am frühen Morgen des 19. September 1976 unweit der Hauptstadt Teheran ausgetragen haben. Zu den Augenzeugen gehörten neben Zivilisten auch ranghohe Offiziere und die Besatzungen von zwei F-4-Jägern.

Der Zwischenfall begann nach Mitternacht, und zwar mit Anrufen beim Luftstützpunkt Sharokhi, in denen von seltsamen hellen Lichtquellen am Himmel die Rede war. Der wachhabende Offizier setzte sich mit dem stellvertretenden Einsatzleiter in Verbindung, der sich selbst vergewissern wollte und in einer Entfernung von schätzungsweise 100 Kilometern ein grelles Licht entdeckte.

Ein F-4-Phantomjet stieg sofort auf, um die Sache zu überprüfen. Als sich der Jäger dem UFO auf etwa 40 Kilometer genähert hatte, fielen alle Bordinstrumente einschließlich der Funkanlage aus. Die Maschine brach die Verfolgung ab, doch sobald sie sich zurückzog, funktionierten alle Systeme wieder. Eine zweite Phantom wurde losgeschickt, die aus einer Distanz von 43 Kilometern Radarkontakt zu dem Objekt herstellte und daraufhin ein Echo empfing, dessen Aufzeichnung ungefähr der Größe eines 707-Tankflugzeuges entsprach. Das UFO zog davon, und der Jet setzte nach, als plötzlich eine kleinere Lichtquelle von dem großen UFO aufstieg. Sowie es sich dem Jagdflugzeug näherte, fielen abermals alle elektromagnetischen Systeme aus. Die F-4 drehte nach unten ab, und das kleine UFO flog eine Schleife und kehrte zum großen zurück, das inzwischen südlich von Teheran davonraste. Als der Jet die Verfolgung wiederaufnahm, wurde ein anderes kleines Objekt herauskatapultiert, diesmal auf einer Flugbahn, die in einem ausgetrockneten Seebett endete. Das Objekt explodierte jedoch nicht, sondern schien sanft aufzusetzen; es sandte ein Licht aus, das den Landeplatz ringsum erhellte, und verblaßte dann. Das große UFO verschwand bald darauf im Nachthimmel.

Als man das Seebett am nächsten Tag inspizierte, fand man keine Spuren einer Landung.

Der vielleicht absonderlichste UFO-Zwischenfall in Asien ereignete sich fast 40 Jahre vor der Erfindung des Begriffs »fliegende Untertasse«. Im russischen Sibirien tauchte 1908 irgend etwas am Himmel auf und explodierte, als es im Flußbett der Tunguska unweit des Baikalsees aufprallte. Die Explosion lag in der Größenordnung von 30 Megatonnen Sprengstoff und wurde von Seismographen in den USA und Europa als Erdbeben registriert.

Ein Feuerball entwurzelte Bäume im Umkreis von mehreren Kilometern und zerstörte die Dörfer in der Umgebung. Glutrote Wolken breiteten sich aus und machten noch in Holland und Großbritannien die Nächte taghell. Tausende von Menschen fragten an, ob London in Flammen stehe.

Die Erdbebentheorie wurde zugunsten eines Meteoreinschlags aufgegeben. Doch wegen der Abgeschiedenheit der betroffenen Region stellte die zaristische Regierung nie genauere Untersuchungen an, und dann kamen der Erste Weltkrieg, die Revolution und der Bürgerkrieg dazwischen. 1927 brach Dr. Leonid A. Kulik, ein Experte für Meteore, mit einem Forscherteam zur Tunguska auf. Das Ergebnis war verblüffend: Es gab keinen Einschlagkrater, und die überlebenden Zeugen warteten mit unterschiedlichen Beschreibungen auf – eine Feuerkugel mit einem Schweif, ein glühender Zylinder usw. Die allgemein akzeptierte Theorie lautete nun, das Tunguska-Becken sei von einem kleinen Kometen getroffen worden, der beim ersten Erdkontakt explodierte.

Die Fakten erhielten 1947 eine neue Deutung. War das Tunguska-Objekt möglicherweise ein außerirdisches Gefährt, dessen Atommotor explodiert war? In der Gegend an der Tunguska wurden zu Tausenden kleine leuchtende Körnchen gefunden, ähnlich den Trinititpartikeln auf dem Atomtestgelände von Alamogordo. Manche Forscher stellten anomale Strahlenwerte fest, andere jedoch nicht. Einer kommentierte das Rätsel so: »In der Katastrophe am Jenissei von 1908 ist uns ein Besucher aus dem Universum verlorengegangen.«

Vielleicht finden solche Besuche häufiger statt, als wir vermuten. Aufgrund der Augenzeugenberichte können wir die Flugbahn des Tunguska-Objekts ungefähr rekonstruieren. Es kam von Südwesten und schlug dann einen westlichen Kurs ein, weil es womöglich den Baikalsee ansteuerte, das riesige und bis zu 1620 Meter tiefe Süßwasserreservoir Sibiriens. Wollte es dichtbesiedelten Gebieten ausweichen? Versuchte es neben oder auf dem See zu landen? Wo lag sein eigentlicher Bestimmungsort? Irgendwo südlich und östlich von Sibirien? In China? In Japan? Oder im Drachendreieck?

Auf der Osterinsel, weit weg auf der anderen Seite des Pazifik, findet sich am Fuße des Berges Rano Kau eine seltsame topographische Anomalie. Eine große, etwa 800 Meter breite Mulde enthält Obsidian, ein schwarzes Gesteinsglas, das auf der Insel sonst nirgendwo vorkommt. In einer Linie mit dieser Senke liegt ein kleiner, aber gut abgegrenzter Krater. Könnte das die Stätte einer weiteren, nicht beobachteten harten Landung sein? Man kann nur spekulieren.

Ein spektakuläres UFO wurde am 17. November 1986 von Kenjyu Terauchi, einem Piloten der Japan Airlines, beobachtet, der mit einer Frachtmaschine des Typs Boeing 747 nach

Alaska unterwegs war. Nördlich von Japan wurde der Jumbojet in einer Höhe von etwa 12000 Metern von einem riesigen UFO fast 500 Kilometer weit verfolgt, einmal 20 und ein andermal 10 Minuten lang. Während des Rückflugs auf der Transpolarroute stieß dieselbe Maschine, JAL Flug 1628, auf ein riesengroßes Objekt, dessen Umrisse sich in hellem Licht abzeichneten. Kapitän Terauchi glaubte, er habe ein Militärflugzeug vor sich, und fragte über Funk bei der Flugkontrolle in Anchorage an, ob irgendwelche anderen Maschinen in der Gegend operierten. Der Fluglotse versicherte ihm, daß dem nicht so sei.

Das seltsame Objekt näherte sich der Maschine von vorn bis auf 300 und sogar auf etwa 150 Meter, so daß eine Kollision drohte, und tauchte dann unter dem JAL-Jet weg. Anschließend verfolgte es ihn. Kapitän Terauchi erhaschte einen Blick auf das Luftfahrzeug im Profil und erklärte, es habe ausgesehen »wie ein Raumschiff«. Es sei so groß wie »zwei Frachtmaschinen hintereinander«, meinte Terauchi, und der Jumbo 747 habe neben ihm wie ein Zwerg gewirkt.

Terauchis zweiköpfige Besatzung, ein Copilot und ein Flugingenieur, nahmen ebenfalls helle Lichter wahr, die das Flugzeug verfolgten. Es ist kaum anzunehmen, daß sich Terauchi, JAL-Pilot seit 19 Jahren und ehemaliger Jagdflieger der japanischen Luftverteidigungsstreitkräfte, eine solche Geschichte zusammen mit seinen Kollegen ausgedacht hat. Immerhin werden Berichte dieser Art vielfach als Minuspunkte in den Personalakten vermerkt. Hätte die Crew es nicht für ihre Pflicht gehalten, den Zwischenfall zu melden, so wüßten wir bis heute nichts von dieser seltsamen Begegnung.

Auch Schiffsbesatzungen wissen von UFOs zu berichten. Manchmal schweben die Objekte längere Zeit auf der Stelle, so wie jenes, das am 17. April 1981 vor der Ostküste Japans, ungefähr 300 Kilometer von Kanazawa entfernt, über den Frachter *Taki Kyoto Maru* verharrte.

Als Kapitän Usuda in Kanazawa von Presseleuten interviewt wurde, erklärte er, ein untertassenförmiges und hell schimmerndes UFO sei bei klarer Sicht und ruhigem Wetter aus dem Meer emporgestiegen, herangeschwebt und habe dann den fast 30 Meter langen Frachter umkreist. Laut Usuda strahlte es ein blaues Licht aus, und als es aus dem Wasser hervorschoß, erzeugte es eine Welle, die das Schiff beinahe überspült hätte. Eine zweite hohe Welle, die das Schiff beschädigte, entstand, als das UFO wieder ins Meer eintauchte.

Obwohl Kapitän Usuda während des Vorfalls mit seiner aufgeregten Crew beschäftigt und um die Sicherheit des Schiffs besorgt war, konnte er feststellen, daß das UFO etwa 15 Minuten lang abwechselnd kreiste und auf der Stelle stand. Es bewegte sich so schnell um das Schiff, daß es, außer wenn es schwebend verharrte, nicht deutlich zu sehen war – solange es kreiste, waren seine Konturen verwischt. Usuda versuchte Hilfe anzufordern, doch die Funkanlage versagte. Er warf einen Blick auf die Anzeigenadeln auf dem Instrumentenbrett, aber auch sie versagten und drehten sich mit der gleichen Geschwindigkeit im Kreise, wie das fremde Objekt über dem Schiff kreiste. Als das UFO in der Luft verharrte, versuchte er dessen Größe zu schätzen: Der Durchmesser des leuchtenden Metallgebildes belief sich auf vier oder fünf Schiffslängen.

Eine weitere merkwürdige Folge des Besuchs war, daß er offenbar die Zeitmessung an Bord der *Taki Kyoto Maru* beeinflußte.

Sobald das UFO wieder ins Meer eingetaucht war, stellte der Kapitän fest, daß die Chronometer an Bord um 15 Minuten nachgingen; das entsprach ungefähr der Zeit, die das Raumfahrzeug (wenn es denn ein solches war) für sein Flugmanöver benötigt hatte.

Ein Sprecher der japanischen Küstenwache, Hoshi Isido, äußerte sich zu dem Vorfall mit einem gewissen Understatement: »Aufgrund der Befragungen ... und der atypischen Beschädigungen am Schiffskörper ... nehmen wir an, daß sie mit etwas sehr Ungewöhnlichem zusammengetroffen sind. ... Offiziell nennen wir es ein unidentifiziertes Objekt, ein einfaches UFO.«

Reichlich Anlaß für Spekulationen bieten den UFO-Forschern die möglichen Motive der hinter den UFOs vermuteten intelligenten Wesen. Mehrere Hypothesen lassen sich unterscheiden:

● *Beobachtung:* Unidentifizierte Flugobjekte betreiben entweder Aufklärung für eine spätere militärische Aktion, oder sie haben uns, positiver ausgedrückt, für eine Kommunikation mit ihrer größeren galaktischen Zivilisation ausersehen.

● *Indifferenz:* Die UFO-Insassen haben ihre eigenen Aufgaben und Aufträge auf unserem Planeten zu erledigen. Solange die Menschen sie dabei nicht behindern, ignorieren sie uns, so wie ein Mensch, der es eilig hat, einen Ameisenhaufen am Wege übersieht.

● *Kolonisierung:* UFOs unternehmen Versorgungsflüge zu extraterrestrischen Stützpunkten unter Wasser, oder sie sind dort zu Hause und somit Hervorbringungen einer unbekannten untermeerischen terrestrischen Population. Diese Hypothese wurde von dem verstorbenen Ivan Sanderson aufgestellt, der auf die zahlreichen Berichte über USOs (unidentifizierte Unterwasserobjekte) verwies, und auf die Berichte über UFOs, die aus dem Wasser aufstiegen. Sanderson schätzte, daß 50 Prozent aller UFOs über Wasserflächen gesichtet wurden. Vorsichtigere Ufologen sprechen von 30 Prozent. Vielleicht lassen sich die Fälle von rätselhaftem

Verschwinden in bestimmten Weltgegenden unter anderem damit erklären, daß dort ein besonders starker Austausch zwischen Unterwasser- und Oberflächenkulturen stattfindet. Ein scheinbarer Einwand gegen die Kolonisierungs- und Zivilisationshypothesen stützt sich auf die Tatsache, daß die Unterwasserzentren, die uns Menschen solchen Kummer bereiten (das Bermuda- und das Drachendreieck), in instabilen Bebenzonen liegen. Seismische Aktivitäten und Vulkanismus sind offensichtlich nicht dazu angetan, diese Regionen für eine Besiedlung attraktiv zu machen – es sei denn, die Regionen wären gerade aus diesen Gründen ausgewählt worden. Der Vulkanismus könnte für eine fortgeschrittene Zivilisation eine billige, verborgene geothermische Energiequelle darstellen. Die Forschung hat gerade erst begonnen, solide Informationen über die elektromagnetische Energie zusammenzutragen, die von Gestein unter gewaltigem Druck freigesetzt wird – jenem Druck, der längs der tektonischen Verwerfungslinien auftritt. Vielleicht funktionieren diese elektromagnetischen Anomalien wie eine Art kosmisches Katapult, mit dem die Fahrzeuge der Außerirdischen in den Himmel geschossen werden.

• *Tore zu anderen Welten:* Noch eine andere These beruft sich auf die elektromagnetischen Anomalien, die Verwerfungslinien im Weltall erzeugen – Raum-Zeit-Verschiebungen zu anderen Welten, alternativen Universen, anderen Dimensionen oder ferner Vergangenheit oder Zukunft. Dieser Hypothese zufolge kann ein entsprechend ausgerüstetes Fahrzeug diese Verwerfungsgrenzen in beiden Richtungen überwinden. Zuweilen jedoch öffnen sich die Tore für dort eindringende terrestrische Luft- und Wasserfahrzeuge – für sie wird der Weg zu einer Einbahnstraße.

Neuerdings hat die geophysikalische Forschung, also jener Zweig der Geologie, der sich mit den Kräften befaßt, die die Gestalt der Erde formen, eine noch engere Beziehung zwischen elektromagnetischen Anomalien und UFOs postuliert. Nach dieser Hypothese entstehen die glühenden Lichter am Himmel auf der Erde, ja *durch* die Erde, und zwar durch die tektonischen Kräfte, die Gesteinsmassen unter enormem Druck zusammenstoßen lassen.

Geophysiker haben nachgewiesen, daß sich neben den seismischen Schockwellen, die bei einem Erdbeben durch das Gestein weitergeleitet werden, auch noch eine elektromagnetische Strahlung ausbreitet. Empfangsgeräte, die man tief unten in Bergwerksschächten aufgestellt hat, haben durch unterirdische Erschütterungen verursachte Wellen registriert. Durch Untersuchungen in der kalifornischen San-Andreas-Verwerfung und in der UdSSR wurde ebenfalls die Vermutung bestätigt, daß während eines Erdbebens elektromagnetische Entladungen stattfinden.

Seit dem Altertum sind geheimnisvolle Lichterscheinungen mit Erdbeben in Verbindung gebracht worden. 1910 entdeckte der Geologe I. Galli das Auftreten von Strahlung im sichtbaren Spektrum im Zusammenhang mit seismischen Vorgängen in den USA: Berichte über Begleiterscheinungen wie Nordlichter, Lichtsäulen, Funkenschläge und Lichtkugeln lagen in großer Zahl vor. Doch die Wissenschaftler blieben, was die »Erdbebenlichter« angeht, skeptisch bis in die Mitte der sechziger Jahre, als das Phänomen während des Matsushiro-Erdbebens in Japan fotografisch belegt werden konnte. Interessanterweise hat sich gezeigt, daß selbst kleine Beben solche Lichter hervorbringen können, die nicht unbedingt in unmittelbarer Nähe des Epizentrums zu sehen sein müssen. Berggipfel werden häufig mit seltsamen Lichteffekten in Beziehung gesetzt – mit der »Gipfelentladung«. Diese Erscheinung ist in verschiedenen Gebirgsgegenden beobachtet worden, wo die Bewohner ihr eine religiöse Bedeutung zuschreiben, so im chinesischen Tempel auf dem Berg Tai Shan, im griechischen Kloster auf dem Berg Athos und auf dem Mount Shasta, der von den amerikanischen Indianern als heilige Stätte verehrt wird. Umherwandernde Lichter sind seit langem Elemente des Volksglaubens (»Irrlichter«), und es ist möglich, daß tektonisch bedingte Lichterscheinungen, die in der Jungsteinzeit religiös gedeutet wurden, zur Errichtung von Großsteinbauten wie Stonehenge in England und den Steinalleen von Carnac in der Bretagne geführt haben – beide Örtlichkeiten liegen in tektonisch instabilen Regionen. Man hat an diesen Orten verschiedene Strahlungstypen entdeckt (Ultraschall, Breitband-Radiowellen, Infrarot), und es gibt zudem Berichte über Entladungen von statischer Elektrizität bei diesen Steinsetzungen.

Als der kanadische Psychologe Michael Persinger UFO-Sichtungen und seismische Ereignisse abglich, stellte er fest, daß die Ortsangaben übereinstimmten. Seine »Tektonische Spannungstheorie« geht davon aus, daß UFOs Formen sichtbaren Lichts sind, die von »Spannungsfeldern« im Gestein unter starkem Druck hervorgebracht werden und der Piezoelektrizität verwandt sind, elektrischen Ladungen, die entstehen, wenn kristallines Gestein, wie etwa Quarz, einem großen seismischen Druck ausgesetzt wird. Der seismische Druck längs einer Verwerfungslinie könnte eine »elektrische Säule« zur Folge haben, die in die Atmosphäre aufsteigt und durch ionisierende Gase am Himmel als leuchtendes Gebilde erscheint. Wenn sich diese ionisierende Säule an der Verwerfung entlangbewegt, bewegt sich das leuchtende Gebilde ebenfalls – und so könnte der Eindruck eines festen Körpers entstehen, der durch die Luft fliegt.

In Großbritannien untersuchte David Devereaux bei Harlech in Wales die Zusammenhänge, die zwischen geologischen Vorgängen und Lichtphänomenen bestehen, und er machte dabei die Entdeckung, daß die mystischen Lichterscheinungen, die um die Jahrhundertwende beobachtet wurden, mit einer größeren Verwerfungsgrenze zusammenfielen. Auf ähnliche Weise hat man 1977 eine Serie von UFO-Sichtungen im südwestlichen Wales mit Verwerfungen in der Erde in Verbindung gebracht.

Dr. Brian Bradley vom U.S. Bureau of Mines demonstrierte 1981 im Laboratorium, daß Gesteine unter Druck Lichteffekte auslösen können. Zeitlupenaufnahmen von Steinzertrümmerungsexperimenten bewiesen die Entstehung von Lichtformen (nicht nur weißglühende Gesteinstrümmer, sondern frei umherschwebende Lichter). Nach Bradleys Theorie könnten elektromagnetische Felder, die durch Gesteinsdruck zustande kommen, als »magnetische Flaschen« agieren und den Lichtformen eine feste Gestalt geben.

Forscher haben sogar Licht entdeckt, das von nichtpiezoelektrischen Gesteinen ausgesandt wird, und David Devereaux und Paul McCartney konnten sogar unter Wasser Lichterscheinungen experimentell hervorbringen.

Gegenwärtig diskutiert man noch immer die Frage, welche Stärke ein Magnetfeld haben muß, um große Lichtphänomene wie etwa UFOs zu erzeugen, und welche Mechanismen solche Strahlungsemissionen bewirken könnten.

Persinger weist allerdings darauf hin, daß die emittierte Strahlung nicht allein dem sichtbaren Spektrum angehören muß - möglicherweise gibt es Radar-UFOs und UFOs aus tödlichen Röntgenstrahlen, die für das menschliche Auge unsichtbar sind. Die Strahlungsintensität einer solchen nicht wahrnehmbaren »Wolke« könnte Übelkeit, Erbrechen oder Schwindelanfälle und in bestimmten Fällen sogar epileptische Anfälle oder tödliche Stromschläge auslösen.

Wäre es möglich, daß in Gebieten mit heftiger seismischer Aktivität - etwa im Drachendreieck - die Gesteinsmassen selbst Energiestöße aussenden, die stark genug sind, um Menschen zu töten oder Flugzeuge und Schiffe zu zermalmen? Die amerikanische Regierung experimentiert derzeit im Rahmen ihres SDI-Programms mit Röntgenlasern. Sind vielleicht die Felsen der Erdkruste in der Lage, eine ähnliche todbringende Strahlung zu erzeugen – auf natürliche Weise?

Bei unserem heutigen Wissensstand in bezug auf die UFOs kann man alle hier angeführten Hypothesen und noch viele andere vorbringen und verteidigen. Das ist so, weil UFOs, wie schon ihr Name sagt, *unidentifizierte* Objekte sind. Vielleicht stellen sie einen neuen Typ von Luftfahrzeugen dar – einige Testflugzeuge der letzten Jahre haben eine auffällige Ähnlichkeit mit UFOs, wie man sie sich gemeinhin vorstellt. Man darf freilich nicht vergessen, daß unidentifizierte Flugobjekte schon seit Jahrtausenden in allen Kulturen beobachtet worden sind. Solange nicht ein UFO landet und seine lebenden Insassen befragt werden können, läßt sich nicht mit Sicherheit sagen, woher UFOs kommen oder warum sie die Erde besuchen.

Neben Geisterschiffen, UFOs und großen Seeschlangen existiert im Drachendreieck auch noch ein Geisterradar. Schiffe und Flugzeuge, die westlich von Okinawa die Inselkette Nansei Shoto passieren, haben schon seit langem in dieser Region eine eigenartige Radarstörung erlebt. Häufig erscheint auf dem Radarschirm ein großes bewegliches Objekt, das bei der Annäherung eines Schiffs oder Flugzeugs seine Position wechselt, sich verflüchtigt oder ganz verschwindet. Ist es ein aufgetauchtes U-Boot oder ein Meerestier, das auf dem Bildschirm kommt und geht? Oder ist es eine gewaltige geophysikalische oder interdimensionale Kraft, die dem Auge unsichtbar bleibt, aber vom Radar erfaßt werden kann? Was es auch sein mag, die Region ist jedenfalls auf amtlichen Seekarten als potentielle Störungszone eingezeichnet.

Dieses mysteriöse Phänomen ist in Seemannskreisen weithin bekannt; man nimmt es als gegeben hin und hat ihm sogar einen Spitznamen verpaßt: »Galoppierender Geist von Nansei Shoto«.

Der Geist von Nansei Shoto ist offensichtlich recht harmlos, aber es hausen noch andere und unangenehmere Geister im Pazifik – und besonders im Drachendreieck.

9

Bebendes Festland, ruheloses Meer

In einer anderen japanischen Überlieferung werden Erdbeben dem *namazu* zugeschrieben, dem Riesenwels, der im Schlamm unter der Erde lebt. Dieses Geschöpf hat einen Hang zu üblen Scherzen und wird nur vom Gott Kashima gebändigt. Bewaffnet mit einem Zauberstein - einem Felsblock, der göttliche Kräfte besitzt -, kann Kashima *namazu* unter Kontrolle halten, und die Erde bleibt ruhig. Doch sobald der Gott in seiner Wachsamkeit nachläßt, macht sich *namazu* selbständig und schlägt so wild um sich, daß die Erde bebt.

Im Jahre 1855, im sogenannten Monat ohne Götter - das ist die Zeit im Oktober, wenn die Gottheiten einen fernen Schrein aufsuchen -, wurde die Stadt Edo (das heutige Tokio) von einem heftigen Erdbeben erschüttert. Es entstand großer Schaden, und Tausende starben. Dem damaligen Volksglauben zufolge hatte sich *namazu* in Kashimas Abwesenheit befreit und das Chaos angerichtet. Auf Holzschnitten ist zu sehen, wie der wütende Gott zurückkehrt, seinen mächtigen Zauberstein schwingt und wie *namazu* um Vergebung winselt und von seinem unrühmlichen Schicksal ereilt wird. Solche Bilder, die das Volk beruhigen und aufheitern sollten, waren weit verbreitet, und es gibt sie auch heute noch. Manche haben sogar einen gewissen sozialen Beigeschmack, denn sie verspotten die Beamten und Schreiner und Kunsthandwerker, die von solchen Katastrophen zu profitieren pflegten.

Im zweiten nachchristlichen Jahrhundert erfand ein praktisch veranlagter chinesischer Gelehrter den ersten Erdbebendetektor. Dieses frühe Genie, aus der Geschichte unter dem Namen Cho-ko bekannt, kam zu dem Schluß, daß sich von einer Bebenzone aus Wellen in der Erde ausbreiten, so wie sie auch von einem Stein ausgehen, den man in einen Teich wirft. Da eine Erdbebenwelle eine bestimmte Richtung hat, kann sie mit einem geeigneten Instrument aufgespürt werden. Indem der Gelehrte mehrere Detektoren aufstellte, vermochte er die Quelle des Bebens mittels Triangulierung zu entdecken.

Cho-kos Detektor hatte die Gestalt eines runden, trommelförmigen Behälters mit einem Durchmesser von etwa zweieinhalb Metern, der ringsum in gleichmäßigen Abständen von geschnitzten Drachen gesäumt war. Jeder Drache hielt eine Kugel im Maul, und unter ihm warteten acht kleine Froschstatuen, die mit offenen Mäulern nach oben blickten, um die Kugel aufzufangen, falls der Drachen sie fallen lassen sollte. Cho-ko ging davon aus, daß die Erdbebenwelle den Mechanismus erschüttern und die Kugel dann in die Richtung fallen würde, die den Bebenherd anzeigte.

So primitiv diese Vorrichtung auch erscheinen mag, sie war in der Tat recht genial. Cho-ko hatte allerdings Glück, denn als zum erstenmal eine Kugel herunterfiel, wurde wenige Tage darauf aus der ermittelten Richtung ein Erdbeben gemeldet. Daraufhin ernannte die kaiserliche Regierung Cho-ko zum ersten offiziellen Seismologen.

Wir wissen heute, daß bei einem Erdbeben gewaltigere Kräfte

am Werk sind als die Tollereien eines riesigen Meerestiers. Doch obwohl wir über bessere Detektoren verfügen als Choko mit seinen Drachen und Fröschen, kann die moderne Wissenschaft Erdstöße noch immer nicht exakt vorhersagen, geschweige denn verhindern.

Die europäischen Entdeckungsreisenden, die die stürmische Passage um Kap Hoorn überlebten und in das relativ ruhige Meer, das sich dahinter ausdehnte, einfuhren, hätten diesem neuentdeckten Ozean keinen irreführenderen Namen geben können: Der Pazifische (»friedliche«) oder Stille Ozean ist alles andere als friedlich und still. Seine Stürme sind die heftigsten der Welt, und seine Küsten werden regelmäßig von seismischen Vorgängen erschüttert. Von den Westküsten des amerikanischen Doppelkontinents über Alaska und die Aleuten bis zur Ostküste Asiens und hinunter nach Indonesien ist durch Erdbeben und Vulkane eine Zone entstanden, der man den Namen »Feuerring« gegeben hat.

Das Drachendreieck bildet innerhalb dieses Rings ein eigenes Katastrophendreieck, denn zwei »Arme« des Drachens gehören zu den seismisch aktivsten Regionen der Erde. Man vergleicht die Situation mit einer geologischen Zeitbombe, die neben einem der am dichtesten besiedelten Gebiete unseres Planeten tickt.

Die japanischen Heimatinseln haben eine Fläche von der Größe Kaliforniens, aber hier leben fünfmal so viele Menschen wie in Kalifornien. Seit unvordenklichen Zeiten ist der pazifische Raum von schweren Erdbeben heimgesucht worden. In der nachstehenden Liste sind die größeren seismischen Ereignisse zusammengestellt, die im Westen bekanntgeworden sind:

China, 1556 – Über dieses Erdbeben weiß man nur sehr wenig; es soll drei Provinzen verwüstet und schätzungsweise 800 000 Menschenleben gefordert haben.

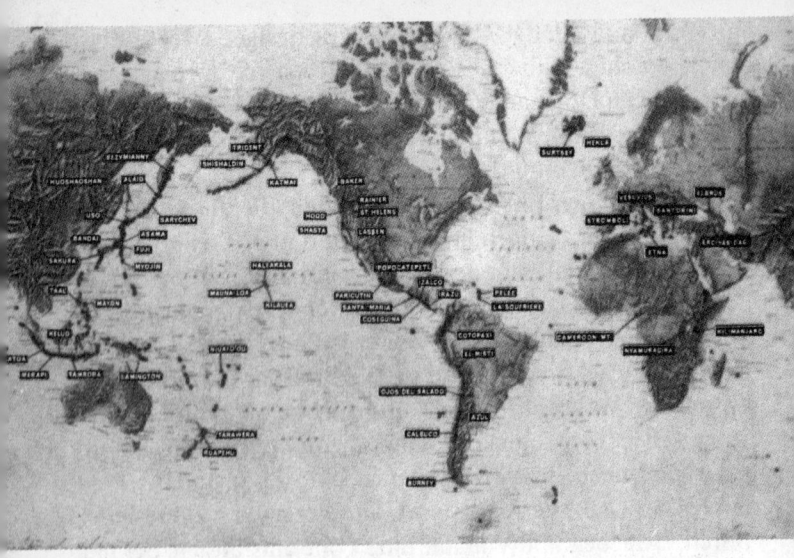

Von den rund 600 aktiven Vulkanen der Erde konzentrieren sich die meisten auf das Drachendreieck (Foto: Wide World)

Japan, 1596 – Durch ein Beben unmittelbar vor der Küste entstand eine Flutwelle, ein Tsunami, der eine Insel völlig zerstörte und mehr als 4000 Menschen den Tod brachte.

Japan, 1737 – Eine über 60 Meter hohe Tsunamiwelle rollte aus dem Pazifik heran und verheerte die japanische Nordküste.

Japan, 1793 – Die Vulkaninsel Unsen explodierte, und dadurch wurden Erdstöße ausgelöst. Die Insel verschwand vollständig. Mehr als 5000 Menschen starben, und vulkanischer Bimsstein wurde in solchen Massen ins Meer geschleudert, daß man auf ihm umhergehen konnte.

Schwefelhaltige Dämpfe verdunkeln die Sonne bei diesem spektakulären – und todbringenden – Vulkanausbruch (Foto: Wide World)

Magma, schmelzflüssiges Gestein, erstarrt, sobald es die kühlere Meeresoberfläche vor der Küste Japans erreicht (Foto: Wide World)

Indonesien, 1815 – Der über 4000 Meter hohe Vulkan Tambora war eine Woche lang aktiv und stieß dabei rund 130 Kubikkilometer Lava aus – der größte Einzelausbruch, den wir kennen.

Japan, 1857 – Tokio wurde zerstört durch ein Erdbeben und durch eine Feuersbrunst, die durch glühende Kohlenpfannen ausgelöst wurde und sich rasch in der Stadt mit ihren Holz- und Papierhäusern ausbreitete.

Indonesien, 1883 – Ein Vulkanausbruch verkleinerte die Insel Krakatau um die Hälfte. Die nachfolgenden Tsunamis, fast 30 Meter hoch, trafen Java und Sumatra, wo 36 000 Menschen starben. Diese seismischen Flutwellen waren so stark, daß sie zweimal um die Erde liefen. Der Aschenregen der Eruption verdunkelte die Sonne und bescherte der ganzen Welt im nächsten Jahr niedrigere Temperaturen; für viele nördliche Regionen war es »das Jahr ohne Sommer«. Neuengland wurde im Sommer von Schneestürmen heimgesucht.

Japan, 1891 – Ein Gebiet von 12 000 Quadratkilometern, fast die Hälfte des Landes, wurde von schweren Erdstößen erschüttert. In 30 Sekunden starben mehr als 7000 Menschen.

Japan, 1896 – Ein 30 bis 50 Meter hoher Tsunami überrollte die japanische Ostküste. 26 000 Menschen ertranken, und 100 000 Häuser wurden zerstört.

Taiwan, 1906 – Über 1300 Menschenleben und 6000 Häuser fielen einem Erdbeben zum Opfer.

China, 1920 – Eines der verheerendsten Erdbeben der Geschichte suchte die Provinz Kansu heim und tötete 200 000 Menschen.

Japan, 1923 – Das »Kwanto-Beben« machte Tokio und Yokohama dem Erdboden gleich; 143 000 Menschen starben, und 500 000 wurden obdachlos. Eine indirekte Folge dieses Bebens war die Absetzung der japanischen Zivilregierung. Die Militaristen übernahmen die Macht und traten den Weg nach Pearl Harbor an.

Japan, 1927 – Ein Erdbeben, das an Stärke dem »Kwanto-Beben« kaum nachstand, zerstörte 14 000 Gebäude und tötete 3000 Menschen.

Japan, 1946 – Ein Seebeben erschütterte die Insel Honshu

und erzeugte gewaltige Flutwellen, die 50 Küstenstädte aus-
löschten, 2000 Tote und 500 000 Obdachlose waren die Folge.

Hawaii, 1946 – Durch ein Erdbeben in der Inselkette der
Aleuten unweit Alaskas entstand ein Tsunami, der rund 3500
Kilometer weit wanderte und die Stadt Hilo auf Hawaii zerstörte, wo 160 Menschen umkamen. Der Sachschaden wurde
auf 25 Millionen Dollar geschätzt – ein größerer Schaden als
der, den der japanische Angriff auf Pearl Harbor verursacht
hatte.

Japan, 1952 – Fast 500 Kilometer vor der japanischen Küste,
mitten im Drachendreieck, wurde von Fischern ein Aufwallen der Meeresoberfläche entdeckt. Es war die Geburt einer
neuen Insel, die den Namen Myojinsho erhielt und zur Boninkette gehört. Die Insel hob und senkte sich mehrere Male
und stieß dabei »Lavabomben« aus. Mit diesem Ausbruch
könnte der Verlust der *Kaio Maru No. 5* zusammenhängen.
Die Gezeitenpegel auf einer rund 100 Kilometer entfernten
Insel im Norden des Bebenherds registrierten eine Tsunamiwelle.

Hawaii, 1960 – Eine Tsunamiwelle, ausgelöst durch ein Erdbeben in Chile, raste mit der Geschwindigkeit eines Düsen-
verkehrsflugzeugs über den Pazifik und traf die Stadt Hilo,
wo 60 Todesopfer zu beklagen waren. Die seismische Welle
setzte dann ihren Weg nach Japan und zu den Philippinen
fort und forderte dort weitere 400 Menschenleben.

Alaska, 1964 – Das schwerste Erdbeben Nordamerikas erschütterte Anchorage, Seward, Valdez und Kodiak Island;
über 100 Menschen starben, der Sachschaden belief sich auf
fast 1 Milliarde Dollar. Der Tsunami des Bebens erreichte
noch Küstenstädte in Oregon und Kalifornien.

China, 1976 – Erdbeben in Tangshan forderten mindestens 650 000 Menschenleben.

Das Erklärungsmodell für diese immer wieder auftretenden seismischen Aktivitäten arbeitet mit mehr als einer einfachen Verwerfungszone, wo sich der Gesteinsdruck aufbaut, bis er sich schließlich gewaltsam entlädt. Es ist eine Hypothese, die die ganze Erde umfaßt, eine Hypothese, die noch vor 25 Jahren von angesehenen Geologen als unglaubwürdig abgetan wurde.

Seit den Anfängen der geologischen Wissenschaft bestand ein Konflikt zwischen denen, die glaubten, die Erdoberfläche sei durch Katastrophen umgestaltet worden (z.B. durch die biblische Sintflut), und jenen, die allmähliche, gleichförmige Veränderungen über Hunderte von Jahrmillionen annahmen. Im ganzen 19. Jahrhundert herrschte die letztere Auffassung vor, obwohl manche Gelehrte auf merkwürdige Sachverhalte hinwiesen, die sich damit nicht erklären ließen, etwa auf die Tatsache, daß die Ostküste Südamerikas wie ein Teil eines riesigen Puzzlespiels in die Westküste Afrikas paßte. Die einzige Möglichkeit, die Trennung der beiden Kontinente (und den dazwischenliegenden Atlantischen Ozean) zu deuten, bestand darin, daß man sich auf eine Naturkatastrophe von gewaltigen Ausmaßen berief.

Der Schriftsteller Antonio Snider stellte 1858 die Hypothese auf, daß alle späteren Kontinente aus einem einzigen Superkontinent hervorgegangen seien, der in ferner Vorzeit auseinandergebrochen sei. Diese Idee wurde 1879 von George Darwin, dem Sohn des Begründers der Evolutionslehre, Charles Darwin, aufgegriffen. Er meinte, der Mond sei durch einen riesigen Materieausstoß der Erde entstanden, und das habe ein großes Loch in den Planeten gerissen (das pazifische Becken) und den Anstoß zum Auseinandertreiben der Kontinente gegeben.

Die Behauptung, daß Kontinente durch unvorstellbare Katastrophen in Bewegung versetzt worden seien, war zuviel für die meisten Geologen, die von einer gleichförmigen Entwicklung ausgingen. Eduard Sueß versuchte 1885 die beiden Standpunkte miteinander zu versöhnen, indem er eine Weltkarte vorlegte, die demonstrierte, daß alle südlichen Kontinente zu einer Landmasse zusammengefügt werden konnten, die er Gondwanaland nannte. Doch der eigentliche Begründer der Kontinentalverschiebungstheorie war zu Beginn unseres Jahrhunderts Alfred Lothar Wegener. Seine Theorie stützte sich sowohl auf fossile Belege, die die Verteilung bestimmter Tierarten erklären, die heute in durch Ozeane getrennten Regionen leben, als auch auf weitere geologische Befunde. Nicht nur die Küstenlinien der Erdteile paßten zusammen, sondern auch andere topographische Eigentümlichkeiten, etwa Gebirgszüge, schlossen sich zu einer Einheit zusammen, wenn man die Kontinente zusammenschob. Wegener behauptete überdies, der Widerstand des Meeresbodens gegen die sich verschiebenden Kontinente habe Bergketten wie die Rocky Mountains und die Anden aufgeworfen. Von 1912, als Wegener seine Theorie erstmals vorstellte, bis 1930, als er während einer Grönlandexpedition starb, kämpfte er einen guten, aber vergeblichen Kampf. Mit seinem Tod verschwand seine Lehre von der Kontinentaldrift praktisch in der Versenkung – bis zu den fünfziger Jahren, als die Erfindung des astatischen Magnetometers es den Geologen erlaubte, den Magnetismus alter Gesteinsschichten zu untersuchen.

Dieser »fossile Magnetismus« ergab indes irritierende Resultate. Englische Felsformationen schienen darauf hinzudeuten, daß England einst viel näher am Äquator gelegen hatte. Indien war ursprünglich weit unten auf der Südhalbkugel angesiedelt und dann nordwärts gewandert. Entweder hatten sich die Kontinente oder die Magnetpole verschoben.

In den Tiefen der Ozeane verbarg sich der potentielle Mechanismus dieser Bewegungen. Mitten im Atlantik wurde ein riesiger untermeerischer Gebirgsrücken entdeckt, der offenkundig eine Grenzlinie der voneinander getrennten Erdteile markierte. Der Geologe Harry H. Hess von der Princeton-Universität stellte die Theorie auf, die mittelozeanischen Rücken seien keine »Risse« in einer sich ausdehnenden Erdkugel, wie manche vermutet hatten, sondern Teil eines sich selbst regulierenden Systems. Sie sind »heiße Stellen«, wo Material aus der Asthenosphäre, der plastischeren Schicht des Erdmantels, durch die Lithosphäre und die Erdkruste im Bereich der dünneren Meeresböden nach oben dringt. Dieses neue Material bewirkt, daß sich der Ozeanboden ausdehnt.

Im Prinzip verhalten sich der Meeresboden und die darunterliegende Lithosphäre wie eine Riesenscholle oder -platte. Wenn sich auf der Platte ein Kontinent befindet, bewegt er sich gleichfalls, als läge er auf einem Transportband. Wo die Platten zusammenstießen, sank eine unter die andere ab und wurde durch die Hitze im Erdinnern wieder geschmolzen. Die Stellen, an denen solche Absenkungen oder Unterschiebungen stattfinden, sind durch ozeanische Gräben gekennzeichnet und vielfach gekrönt von Vulkanen jenseits der Gräben, da geschmolzenes Material durch die Spalten in der »überlegenen« Platte emporwallt. Nach jahrelangen Diskussionen und Auseinandersetzungen akzeptieren heute die meisten Geologen dieses Denkmodell der sogenannten Plattentektonik. Eine Reihe von großen Platten mit aufsitzenden Kontinenten ist inzwischen ermittelt worden, außerdem existieren einige kleinere Platten.

Im Gebiet des Drachendreiecks stoßen drei tektonische Platten zusammen – zwei größere, die eurasische und die pazifische, und die sehr viel kleinere philippinische Platte. Da die pazifische Platte gegen die philippinische und eurasische drückt, wird sie nach unten abgelenkt – dort entstand der

Ogasawaragraben. Wo die philippinische Platte gegen die eurasische andrängt, wird sie ebenfalls nach unten abgeschoben und bildet den Ryukyu- oder Nansei-Shoto-Graben. Diese Tiefseegräben sind gleichsam die Arme des Drachendreiecks.

Wenn die Vorderkante einer tektonischen Platte nach unten geschoben wird, ergibt sich das Gestein nicht still in sein Schicksal. Es verhakt sich, scheuert, gerät unter Druck – und verursacht Erdbeben. Spürt man die Epizentren, die Brennpunkte der Erschütterungen, an den Unterschiebungsstellen auf, so erhält man die gespenstischen Umrisse der absinkenden Platte, die sich steil nach unten in die Erde schiebt. Allgemein gilt, daß ein Erdbeben um so heftiger ist, je tiefer das Epizentrum liegt. Deshalb hat China unter so schweren seismischen Katastrophen zu leiden. Die letzten Todeszuckungen der untermeerischen Platten, deren Unterschiebung in den Gräben östlich von Japan beginnt, sind unter dem chinesischen Festland zu spüren. Die Erschütterungen erfassen jedoch nicht nur den engumgrenzten Bereich des Bebenherdes. Die ganze Erde erzittert wie ein angeschlagener Gong.

Als »Treffpunkt« dreier Platten ist Japan – und die Gewässer im Süden und Osten – einer erheblichen seismischen Aktivität unterworfen. Zu den Erdbeben kommen hier noch Vulkanausbrüche und seismische Wasserwellen hinzu.

Die Vulkantätigkeit hinter Unterschiebungszonen läßt sich leicht erklären. Wenn eine Krustenplatte von einer anderen nach unten abgedrängt wird, heizt die Reibung das Gestein so stark auf, daß es schmilzt und sich durch Schwachstellen in der oberen Platte einen Weg nach oben bahnt. Das Resultat ist ein Bogen von Vulkanen hinter dem Graben, der die Unterschiebung markiert, und dieser Bogen verwandelt sich manchmal in eine Inselkette. Japan selbst ist ein Großprodukt des Vulkanismus.

Schockwellen, entstanden durch ein Erdbeben oder eine Vulkaneruption, können einen Tsunami auslösen, eine »Hafenwelle«, wie die wörtliche Übersetzung des japanischen Begriffs lautet. Diese Phänomene werden zuweilen als Flutwellen bezeichnet, doch mit den Gezeiten haben sie nichts zu tun. Tsunamis sind grundsätzlich im Meer entstandene Schockwellenfronten, hervorgerufen durch seismische Störungen. Der wohl anschaulichste Name für diese Wellenbildungen stammt aus den spanischsprechenden Ländern im westlichen Südamerika. Dort heißen sie *maremotos* (Seebeben), im Gegensatz zu den *terremotos* (Erdbeben).

Da Tsunamis tief im Meerwasser wandern, bleiben sie bisweilen sogar unentdeckt. Als die Schockwellen, die 1946 durch das Erdbeben in den Aleuten bewirkt worden waren, auf Hawaii zuliefen, bildeten sie keine mächtigen Wasserwälle aus. Schiffe auf hoher See fuhren über sie hinweg, ohne etwas Ungewöhnliches zu spüren. Erst wenn die Schockwellen das Flachwasser vor den Küsten erreichen, bäumen sie sich auf und werden immer höher. Sie nehmen die Gestalt eines Brechers an, wie wir es von den meisten Brandungswellen kennen. Durch die Reibung verlangsamt sich die Unterseite der Welle, während der Kamm nach oben und vorn stürzt. Die Amplitude dieser Wellen kann eine Höhe von 50 Metern oder mehr erreichen.

Das Flachwasser bremst auch die Tsunamis ab. Durch tiefes Wasser können die Schockwellen mit einer Geschwindigkeit von mehr als 1000 Stundenkilometern dahinrasen. Vor der Küste kann sich das Tempo auf rund 80 Stundenkilometer verringern. Doch die Zerstörungskraft von tonnenschweren Wassermassen, die sich mit einer solchen Geschwindigkeit bewegen, reicht aus, Menschenleben und Sachwerte zu vernichten oder sogar ganze Inseln hinwegzufegen.

Ferner muß man bedenken, daß eine seismische Welle um so mehr Kraft entfaltet, je schmaler der Zugang zur Küste ist. Ein Beispiel dafür ist die Lituya-Bucht, ein Fjord im südlichen Alaska, etwa 230 Kilometer nördlich von Seward. Die auf drei Seiten von Felsklippen eingerahmte Bucht ist knapp fünf Kilometer lang und nur anderthalb Kilometer breit.

Eine geologische Verwerfung erstreckt sich vor der Mündung der Bucht, und wenn ein schweres Erdbeben die Region erschüttert, können durch große Lawinen, die von den Klippen herabstürzen, und zusätzlich durch Versetzungen des Meeresbodens in der Bucht gewaltige Hafenwellen entstehen. Am 9. Juli 1958 wurden durch ein heftiges Beben 90 Millionen Tonnen Gestein aus Höhen bis zu 1000 Metern von den Felsen herab in die Bucht geschleudert.

Die dadurch hervorgerufene Welle, die durch die Bucht und hinaus aufs offene Meer raste, richtete nur geringe Sachschäden an und forderte nur zwei Menschenleben, was sich freilich damit erklären läßt, daß das Ereignis in einer so weltabgeschiedenen Gegend stattfand. Wissenschaftler, die sich in der Region umtaten, stellten fest, daß die Welle eine Höhe von 1740 Fuß (ca. 520 Meter) erreichte – die größte Höhe, die in geschichtlicher Zeit gemessen wurde.

Die Wissenschaft hat zwar Theorien zur Erklärung dieser Phänomene und auch Geräte zur exakten Messung der ihnen innewohnenden Kräfte entwickelt, aber Instrumente, mit denen sich die Ereignisse vorausbestimmen lassen, werden noch lange Zukunftsmusik bleiben. In solcher Unberechenbarkeit liegt die besondere Gefahr, die Seeleuten und sogar Fliegern in Gebieten wie dem Drachendreieck droht.

Am ehesten kann man die Energiefreisetzung durch einen Vulkanausbruch mit der Detonation eines nuklearen Gefechtskopfes vergleichen. Neben Rauch und Dampf spucken Vulkane Tephra aus, vulkanisches Lockermaterial, dessen Größe von mikroskopisch kleinen Aschenteilchen bis zu Gesteinsbrocken von 60 bis 70 Meter Durchmesser reicht. Vulkane können auch regelrechte »Granaten« aus halb erstarrter Lava mit der Wucht eines Artilleriegeschosses abfeuern. Daß sie für jedes Schiff oder Flugzeug in der Umgebung eine unmittelbare Gefahr darstellen, liegt auf der Hand.

Eruptionen haben erwiesenermaßen auch einen Einfluß auf Luftströmungen und Wetter. Bei neueren Ausbrüchen im Drachendreieck wurden Rauch, Asche und heiße Dämpfe hoch in die Luft geschleudert – 1969 bis 2000, 1974 bis 2700 und 1952 bis 4000 Meter hoch. Zu den atmosphärischen Störungen, die mit heftigen Ausbrüchen einhergehen, gehören Gewitterstürme mit Blitzen und Wirbelwinden – eine eindeutige Gefahr für den See- und Luftverkehr.

Besonders gefährlich für Schiffe auf See sind die ausführlich geschilderten seismischen Wellen, also die Seebeben, die das Meer erschüttern. In tiefem Wasser kann die Gefahr unbemerkt vorübergehen, aber das Drachendreieck ist übersät mit kleinen Inseln, Riffen und Untiefen, und in diesen seichteren Gewässern kann die Wellenwirkung tödlich sein. Ein Schiff, das breitseits von einer Wasserwand getroffen wird, kentert und sinkt unter Umständen in Sekunden und wird von der Gewalt der Wassermassen in die Tiefe gedrückt.

Augenzeugen von Tsunamis erzählen unglaubliche Geschichten von ankernden Schiffen, die sich in ihre eigenen Ankerketten verwickelten, nachdem sie sich wie eine rotierende Stecknadel mehrfach um ihre Längsachse gedreht hatten; oder von Schiffen, die auf Felsen geschleudert oder auf Nimmerwiedersehen vom Meer verschluckt wurden. Ein Schiff, das vom plötzlichen Anprall einer Tsunamiwelle überrascht wird, hat die besten Aussichten, einfach zu verschwinden, ohne noch die Zeit für ein SOS zu finden.

Ein anderes Naturphänomen, das mit Vulkanismus und Erdbeben zusammenhängt, ist das der »kochenden See«. In einem Augenzeugenbericht über die Vorgänge vor der Küste während eines Erdbebens im Jahre 1854 heißt es:

»Wir spürten den ersten Erdstoß um 9.15 Uhr; er war sehr

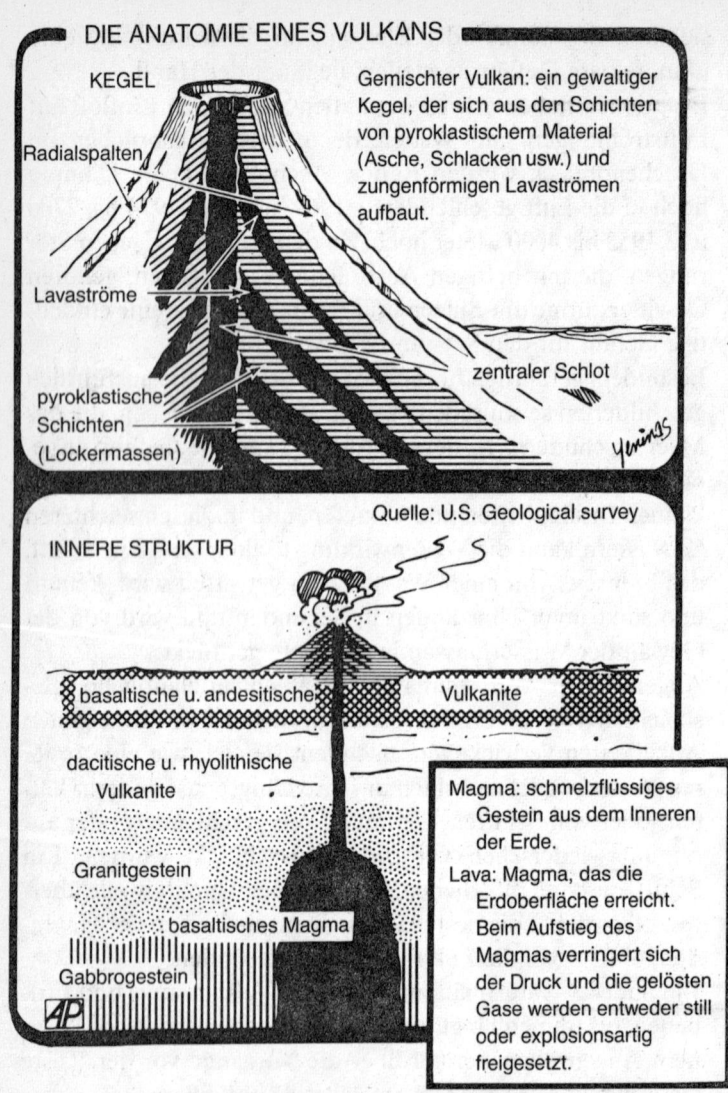

DIE ANATOMIE EINES VULKANS

KEGEL

Radialspalten

Lavaströme

pyroklastische
Schichten
(Lockermassen)

Gemischter Vulkan: ein gewaltiger
Kegel, der sich aus den Schichten
von pyroklastischem Material
(Asche, Schlacken usw.) und
zungenförmigen Lavaströmen
aufbaut.

zentraler Schlot

Quelle: U.S. Geological survey

INNERE STRUKTUR

basaltische u. andesitische   Vulkanite

dacitische u. rhyolithische
Vulkanite

Granitgestein

basaltisches Magma

Gabbrogestein

Magma: schmelzflüssiges
  Gestein aus dem Inneren
  der Erde.
Lava: Magma, das die
  Erdoberfläche erreicht.
  Beim Aufstieg des
  Magmas verringert sich
  der Druck und die gelösten
  Gase werden entweder still
  oder explosionsartig
  freigesetzt.

*Schemazeichnungen eines gemischten Vulkans. Wenn ein Vulkan auf
dem Meeresboden ausbricht, erzeugen die freigesetzten Gase gefährliche unterseeische Turbulenzen (Abbildung: Wide World)*

Der gewaltige Ausbruch dieses untermeerischen Vulkans etwa 1300 Kilometer südlich von Tokio ließ vor Iwo Jima eine neue Insel entstehen. Welche Folgen dies für ein nahe vorbeifahrendes Schiff hätte, kann man sich leicht ausmalen (Foto: Wide World)

Die Besatzung einer amerikanischen Transportmaschine, die das Dra-
chendreieck überflog, erblickte diese Rauchsäule, die vom Meer auf-
stieg. Der Fotograf Ray Faxich schätzte die Höhe der Säule auf sechs
bis acht Kilometer (Foto: Wide World)

stark. ...Nach fünf Minuten schwoll das Wasser in der
Bucht an und begann zu brodeln, als ob Tausende von
Quellen plötzlich zu sprudeln angefangen hätten. Das
Wasser war vermischt mit Schlamm... und ergoß sich mit
erschreckender Gewalt auf die Stadt und das Land zu bei-
den Seiten.«

Nach dieser Schilderung scheint es möglich zu sein, daß das Erdbeben von der Freisetzung großer unterirdischer Gasmassen begleitet wurde. Manche Theoretiker vermuten sogar, daß die Gefahren eines untermeerischen Bebens durch eine Gasentladung noch beträchtlich gesteigert werden. Man stelle sich vor, was passiert, wenn sich eine riesige Blase giftiger und womöglich leicht flüchtiger Gase vom Meeresgrund löst. Die bei ihrem Durchgang durch das Wasser entstehende Turbulenz würde die Wirkung der seismischen Wellen noch verstärken. Und was würde geschehen, wenn die monströse Luftblase die Meeresoberfläche erreicht und zerplatzt? Zumindest wäre eine Tsunamiwelle die Folge, begleitet von einer starken Strudelbildung in dem Bereich, wo die Blase auftauchte. Ein Schiff, das sich dort aufhielte, würde überflutet und sofort von Unterwasserwirbeln nach unten gesogen.

Bevor man dies als bloße Hypothese abtut, sollte man sich den Fall des Forschungsschiffs *Melville* vor Augen halten, das am 11. Oktober 1987 auf eine gigantische Gasblase stieß, die an ihrem Rumpf aufplatzte. Der Rumpf erdröhnte, und das Schiff wäre beinahe gekentert. Später wurde festgestellt, daß ein unterseeischer Vulkan direkt unter dem Schiffsstandort ausgebrochen war.

Vielleicht hatten die Besatzung und die Wissenschaftler an Bord der *Melville* noch Glück, was die von dem Vulkan ausgestoßene Gasmenge betrifft. Etwas Ähnliches mag der *Kaio Maru No. 5* zugestoßen sein, die auf so mysteriöse Weise im Bereich eines Unterwasservulkans verschwand. Es ist durchaus möglich, daß eine größere Eruption oder Gasentladung dieses Forschungsschiff auf Grund gesetzt hat.

Die seismische Aktivität hat aber auch noch unscheinbarere Auswirkungen als diese derbe Erschütterung der Erdkruste und des Meerwassers: Auf eine noch unbekannte Weise beeinflußt es nebenbei die unsichtbaren Kräfte, die wir Magnetismus nennen.

Dieser Vulkanausbruch ereignete sich 1986 unweit von Iwo Jima, einem Scheitelpunkt des Drachendreiecks (Foto: Wide World)

Von Erdbeben im Drachendreieck ist bekannt, daß durch sie Magnete ihre Anziehungskraft verlieren – oder zurückgewinnen. Während eines Erdbebens um die Mitte des vorigen Jahrhunderts erlebten zuverlässige Zeugen, daß Nägel, die fest an einem Magneten hingen, plötzlich herunterfielen, als ob das Magnetfeld unterbrochen worden wäre. Noch interessantere Berichte stammen von einem Schiff, das während des großen Erdbebens von 1923 im Hafen von Tokio vor Anker lag. Vor und nach den Erdstößen wurden abson-

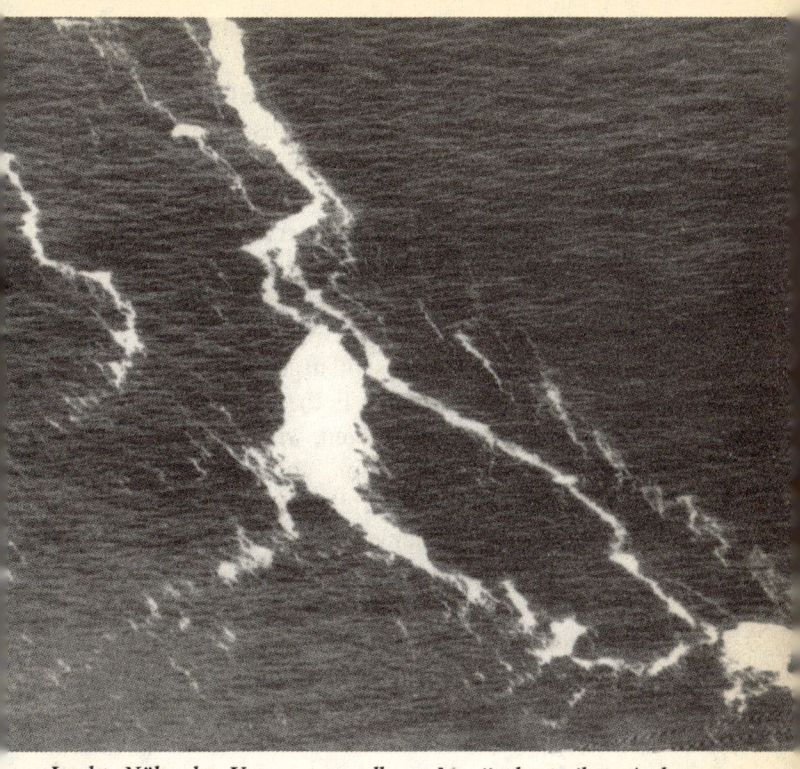

In der Nähe des Unterwasservulkans Myojinsho treiben Aschenansammlungen auf dem Pazifik. Diese Eruption verursachte möglicherweise das Verschwinden der Kaio Maru No. 5 mitsamt der 31köpfigen Besatzung. Zwei Inseln tauchten nach dem Vulkanausbruch auf, versanken aber ebenso schnell wieder (Foto:Wide World)

derliche magnetische Effekte beobachtet, unter anderem waren es die Anzeigenadeln, die verrückt spielten und wie wild rotierten.

Dies ist freilich ein vertrautes Phänomen sowohl im Drachen- als auch im Bermudadreieck – ein Phänomen, das sich vielleicht erklären läßt, wenn japanische und andere Forscher tiefer in die magnetischen Begleiterscheinungen seismischer Aktivitäten eingedrungen sind.

Das japanische Volk selbst, das in einer ewigen Erdbebenzone lebt, scheint sich eine gewisse fatalistische Einstellung zugelegt zu haben. Das ist westlichen Besuchern bei vielen der seismischen Katastrophen aufgefallen, von denen die Inseln heimgesucht worden sind. Hausbesitzer schauten einfach wie gelähmt zu, wenn ihr Hab und Gut verbrannte, und machten keine Anstalten, das Feuer zu bekämpfen.

Diese Einstellung zeigt sich auch in Gebieten mit aktivem Vulkanismus, wo das Leben seinen gewohnten Gang geht, als ob nichts geschehen könnte. Fotos von Kindern, die auf dem Schulweg Schutzhelme tragen, weil ein naher Vulkanschlot jederzeit Steine speien kann, sind weit mehr als malerisches Bildmaterial für Illustrierte. Sie versinnbildlichen eine Daseinsform, die einem Gemeinwesen mit zu vielen Menschen und zu wenig Land aufgezwungen wurde.

Keinesfalls jedoch setzen sich die Japaner leichtfertig über Warnungen vor vulkanischen oder seismischen Aktivitäten hinweg. Ja, sie sind wahrscheinlich das »erdbebenbewußteste« Volk der Welt. Bei den letzten Eruptionen auf einer Vulkaninsel im Drachendreieck wurden Tausende von Menschen evakuiert. Die japanische Regierung beschloß 1978, mehr als 3 Millionen Dollar pro Jahr für Vorbereitungsmaßnahmen in erdbebengefährdeten Gebieten auszugeben.

Seit einigen Jahren hat es in Japan keine größere seismische Katastrophe mehr gegeben. Man befürchtet aber, daß ein solches Ereignis überfällig ist. Ein Wissenschaftler, der die seismische Geschichte Tokios bis in das Jahr 818 n. Chr. zurückverfolgt hat, fand heraus, daß die Region alle 69 Jahre (plus oder minus 13 Jahre) von Erdbeben der Stärke 8 oder höher auf der Richterskala heimgesucht worden ist. Da das letzte größere Beben in Tokio 1923 stattfand, dürfte die Schonfrist bald abgelaufen sein.

Seismologen haben sogar schon ein mögliches Epizentrum in der Region ausgemacht: die Gegend von Tokai an der Küste südlich von Tokio. Dort hat es hin und wieder leichtere Erdstöße gegeben, aber kein großes Beben seit 1854. Damals wurden Reisfelder, Obstgärten und Fischerdörfer verwüstet, und 8000 Menschen kamen um. Trotz gelegentlicher Erschütterungen (einmal verloren dabei 25 Menschen ihr Leben) hat sich hier eine seismische Spannung aufgebaut, die sich bis jetzt nicht wirklich lösen konnte. Anzeichen für diese Spannungen hat man beispielsweise in der Senkung der Küste um etwa 30 Zentimeter entdeckt. Das Gebiet ist inzwischen dicht besiedelt; rund 6 Millionen Menschen leben heute in den 170 Städten dieser einst ländlichen Region. Eine Erdbebenkatastrophe könnte den Tod zahlloser Menschen und unermeßlichen Sachschaden zur Folge haben. Und falls sich das Beben längs der Verwerfungslinie bis Tokio ausweiten sollte, würde das Unheil noch viel schlimmere Ausmaße annehmen. Angesichts dieser Situation führen die Japaner regelmäßig Erdbebenkatastrophenübungen durch, und obendrein haben sie den 1. September zum »Nationalen Unheilverhütungstag« erklärt – das ist das Datum des Erdbebens von 1923.

Ein sichtbares Zeichen für Tokios turbulente seismische Vergangenheit findet man in den Felsklippen über der Bucht von Tokio. Die unterirdischen Störungen haben im Lauf der Jahrhunderte die Felsen angehoben, die von der Brandung am Rande abgetragen wurden, so daß kleine Strände entstanden sind – die ihrerseits vom nächsten Erdbeben ein gutes Stück über den Meeresspiegel gehoben werden. Viele Schichten solcher ehemaliger Strände kann man in den Klippen erkennen, da das Land nach und nach hochgestiegen ist.

Ein ähnlicher Aufstieg von Landmassen und Meeresböden vollzieht sich unaufhörlich im Drachendreieck und wird zu einer Gefahr für die Schiffahrt. Er findet freilich überall im Pazifik statt. Im Bereich der Fidschiinseln ist die Resolution

Bay, so benannt nach dem Schiff von Kapitän James Cook, mittlerweile so seicht, daß ein solches Schiff hier nicht mehr anlegen könnte.

Doch während sich in vielen Gegenden das Festland hebt, sinkt es anderswo ab, zuweilen unter den Meeresspiegel. Das Karfreitagserdbeben von 1964 in Alaska lieferte dafür einen sinnfälligen Beweis, den größten überhaupt in der Geschichte. Durch dieses Beben wurden fast 160 000 Quadratkilometer Landfläche und Meeresboden angehoben, und gleichzeitig sanken 125 000 Quadratkilometer ab. Kodiak Island wurde davon so stark betroffen, daß eines der wenigen Häuser, die der Erdstoß verschonte, ein Amtsgebäude der Regierung, heutzutage bei Hochwasser bis zum ersten Stock überflutet wird.

Das Erdbeben von Alaska verschob diese Landmassen nur um einige Dezimeter nach oben oder unten. Doch ist es möglich, daß ganze Kulturen durch das Absinken ihrer Heimatländer ausgelöscht worden sind? Irritierende Belege für solche Vorgänge hat man in der weitverstreuten Inselwelt des Pazifik entdeckt.

10

Geheimnisvolle Inseln

Der Pazifik, der größte Ozean unseres Planeten, birgt unglaubliche Geheimnisse und erstaunliche Wunderdinge. Die höchste Meereswelle wurde 1933 im mittleren Pazifik vom amerikanischen Marinetanker *Ramapo* aus beobachtet. Das Schiff lief leewärts vor einem Sturm, als der Offizier auf der Brücke eine riesige Woge erblickte, die von hinten anrollte. Indem er den Wellenkamm durch das Krähennest des Mastes anvisierte, konnte er mit einer einfachen geometrischen Rechenaufgabe die Höhe bestimmen: Diese Gerade und die Verlängerung des Decks ergaben zwei Seiten eines Dreiecks. Jetzt mußte der Offizier nur noch die dritte Seite berechnen. Das Resultat war die Wellenhöhe – 32 Meter. Winderzeugte Wellen von 1 Meter Höhe gelten bereits als schwerer Seegang!

In der unermeßlichen Weite des Pazifiks können extreme Wetterbedingungen auftreten. Den Zyklonen oder Hurrikanen, die hier Taifune genannt werden (abgeleitet vom chinesischen *t'ai fung*, »großer Wind«), stehen Tausende von Quadratkilometern zur Verfügung, auf denen sie sich entfalten können, ohne von größeren Landmassen behindert zu werden. Die höchste Windgeschwindigkeit, die jemals gemessen wurde, gehörte zu einem Wirbelsturm, der das Anemometer bei 300 Stundenkilometern rotieren ließ. Bei diesem Wert versagte der Windmesser entweder seinen Dienst, oder er wurde hinweggefegt. Meteorologen haben in Zyklonen schon Windgeschwindigkeiten von über 325 Stundenkilometern geschätzt, ja die Werte können angeblich sogar bis auf 400 ansteigen.

Die größten wetterbedingten Verluste im Zweiten Weltkrieg sind auf einen Taifun zurückzuführen, der Admiral Halseys Dritte Flotte überfiel, als sie sich zur Treibstoffübernahme versammelt hatte. Ohne daß die Wetteroffiziere der Flotte etwas ahnten, lief der Verband direkt in die Bahn des Taifuns. Das Zentrum des Wirbelsturms raste so nahe an dem Flugzeugträger *Wasp* vorbei, daß das neuentwickelte Radar erstmals das »Auge« eines Taifuns registrieren konnte. Flugzeuge wurden aus ihren Halterungen gerissen und zertrümmert, oder sie machten sich selbständig, rollten an Deck umher und verursachten Brände und Chaos. Manche Schiffe krängten so stark, wie es die Seeleute nie für möglich gehalten hätten. Drei Zerstörer legten sich zu weit auf die Seite. Wasser ergoß sich in ihre Schornsteine, und sie sanken. Innerhalb einer Stunde und auf einer Strecke von rund 160 Kilometern verschwanden die drei Schiffe im Meer. Weitere sechs Fahrzeuge wurden beschädigt, und mehr als 800 Seeleute kamen ums Leben.

Wenn ein Taifun auf eine Insel stößt, kann es passieren, daß gigantische Windspiralen 24 Stunden lang das Land verheeren. Doch das ist nicht die einzige Gefahr, die ein Taifun mit sich bringt. Der niedrige Luftdruck des Sturmzentrums kann bewirken, daß sich der Meeresspiegel hebt. Die spiraligen Wirbelwinde können Meerwasser buchstäblich zu einer gewaltigen Kuppel »aufhäufen«. Wenn eine solche Wasserkuppel auf eine Küste zuläuft, erhöht sich die Tide erheblich –

manchmal bis zu zehn Metern. Und wenn diese Kraft die ohnehin tosende Brandung verstärkt, können Gebäude völlig zerstört, Städte verwüstet und – auf niedrigen Inseln – die Vegetation vernichtet und die Einwohner weggespült werden. Kein Wunder, daß in alten Zeiten derartige Stürme als Werk der Götter angesehen wurden.

Kleinere zyklonische Störungen, die Wasserhosen über dem Meer ausbilden, können kleinen Seefahrzeugen gefährlich werden, aber große Schiffe kommen nicht selten ungeschoren oder nur leicht beschädigt davon.

Die rund 16 000 Kilometer breite Meeresfläche zwischen Asien und Nordamerika wird von keiner größeren Landmasse unterbrochen, wohl aber von ungezählten kleinen Inseln, die vielfach Ketten oder Archipele bilden. Das sind die Spitzen untergetauchter Berge, die vom pazifischen Meeresgrund aufsteigen und an Höhe vereinzelt sogar den Mount Everest übertreffen. Die meisten Inseln sind vulkanischen Ursprungs, wie man oft schon an ihrem runden Grundriß erkennen kann. Selbst die großen Hawaii-Inseln mit ihren unregelmäßigen Konturen sind nichts anderes als massive Vulkankuppen, deren ursprüngliche Formen von der See erodiert wurden.

Wenn man sich eine Karte des Pazifiks anschaut, fällt auf, daß viele Inselgruppen bogenförmig angeordnet sind. Die Geologen Jason Morgan und J. T. Wilson, der Begründer der Plattentektoniktheorie, gehen davon aus, daß die Inseln durch Vulkanismus entstanden, als sich Platten über »heiße Stellen« in der Erdkruste hinwegbewegten, wobei jeweils eine Reihe von Vulkanen aktiv wurden, die sich über den Meeresspiegel erhoben. Auf der Grundlage dieser Theorie nimmt Morgan ferner an, daß die Inselbogen die Bewegungsrichtung der tektonischen Platten in den letzten 100 Millionen Jahren anzeigen. Die Krümmung des Bogens repräsentiert einen Kurswechsel der Pazifikplatte, der vor 40 Jahrmillionen begann.

Diese Theorie wird weiter untermauert durch die Entdeckung von einigen hundert Guyots oder Seamounts, unterseeischen Bergen, deren flache Gipfel nicht die Wasseroberfläche durchbrechen – zumindest heute nicht mehr. Mit Dredschen hat man Spuren von Korallen zutage gefördert, die nur in warmem, seichtem Oberflächenwasser gedeihen. Zudem erheben sich manche Unterwasserberge bis ziemlich dicht an die Meeresoberfläche. Der Erben-Guyot zwischen San Francisco und Hawaii liegt nur etwa 100 Meter unter dem Wasserspiegel.

Die flachen Kuppen der Guyots sind offenbar von Oberflächenkräften geformt oder erodiert worden. Doch auch tektonische Kräfte können daran beteiligt gewesen sein. Je weiter untermeerische Berge von einer vulkanisch aktiven Region entfernt sind, desto niedriger und flacher wirken sie. Vielleicht hatten diese ehemaligen Inseln nicht mehr die Kraft, sich über Wasser zu halten, als sie sich immer mehr von den »heißen Stellen« ihrer Entstehung wegbewegten.

Im kühleren Nordpazifik sind die Inseln fast ausschließlich vulkanisch. Die zahlreichen »jimas« der Ogasawara- oder Boninkette sind allesamt erodierte Vulkankegel. Die Pazifikinseln in wärmeren Breiten lassen sich in drei große Kategorien einteilen, die zugleich verschiedene Stufen innerhalb eines Entwicklungsprozesses kennzeichnen.

Die erste Stufe ist die Vulkaninsel mit einem Saumriff aus Korallen. Korallen sind kein Gestein, sondern die schützenden Außenskelette von Polypen, winzigen Tieren, die nur im Seichtwasser vor einer Insel oder Küste leben können. Beispiele für Inseln mit Saumriffen sind Tahiti, Nauru und Rarotonga.

Die zweite Kategorie oder Stufe umfaßt Inseln mit einem Wallriff. Hier sind die zentrale Insel und eine stille Lagune von einem Korallenwall umgeben, der an einigen Stellen unterbrochen ist, so daß Schiffe hindurchfahren können. In diesem Fall sinkt der eigentliche Berg langsam weiter ab. Doch während dabei die Insel selbst schrumpft, wächst der Korallenring der alten Küstenlinie weiter und bewahrt so die ursprüngliche Gestalt der Insel, fast wie ein Fossil. Beispiele dieses Inseltyps sind die Trukgruppe und Ponape, dessen Megalithruinen angeblich im Meer versunken sind.

In die dritte Kategorie fallen die Atolle, kreisrunde Inseln, die vollständig aus Korallen bestehen und in der Mitte eine stille Lagune haben. Korallen gedeihen am besten in unruhigem Wasser, etwa auf der Brandungsseite eines Atolls, weniger gut in der Lagune, wo zudem Sand und Schlick der längst versunkenen Insel das Wachstum hemmen. Man könnte Atolle die Friedhöfe von Inseln nennen, obwohl viele von ihnen bewohnt sind. Die aus dem letzten Krieg bekannten Inseln Wake und die Midways sind Atolle, desgleichen das Eiland Eniwetok, wo die Amerikaner ihre Atomtests durchführten.

Die Höhen von Inseln schwanken erheblich. In der Trukgruppe gibt es Inseln, die über 300 Meter aus dem Meer aufragen. In den benachbarten Marshallinseln, einer Kette von Atollen, mißt der höchste »Gipfel« nur gut zehn Meter. Die Gefahren, die kleinen, flachen Landmassen inmitten eines großen Ozeans drohen, werden veranschaulicht durch eine Legende von der Insel Pukapuka im Cookarchipel. Die kleine Insel ohne wirtschaftliche Bedeutung wurde der Obhut der Londoner Missionsgesellschaft unterstellt. Doch dieses Eiland hat seine eigene Geschichte, überliefert in einer mündlich tradierten Genealogie, die 22 Generationen zurückreicht. In den dreißiger Jahren unseres Jahrhunderts haben die Ethnologen Ernest und Pearl Beaglehole diese wechselvolle Geschichte aufgezeichnet, in der auch ein »te mate Wolo« vorkommt – das große Sterben im 17. Jahrhundert. In jener Zeit herrschte offenbar ein so arger Sittenverfall, daß die Insulaner die Gräber ihrer Ahnen zu plündern begannen. Die wütenden

Götter schickten einen Tsunami, der die nach Tausenden zählende Bevölkerung dermaßen dezimierte, daß nur zwei Frauen und 15 Männer übrigblieben. Vor nicht allzu langer Zeit, nämlich 1914, wurde die kleine Nachbarinsel von einer Flutwelle weggespült.

Vergleichbares wiederholte sich bei der Insel Majuro. Der Schriftsteller Robert Louis Stevenson, der auf ihr seine letzten Jahre verbrachte und dort unter anderem seinen Roman *Die Schatzinsel* schrieb, pries sie als die »Perle des Pazifik«. Majuro ist eigentlich ein Komplex aus drei schmalen Atollen, die durch Dämme miteinander verbunden sind. Das Eiland ist nur etwa 300 Meter lang und gerade breit genug für ein einziges Quersträßchen. Als 1979 ein Tsunami über die Insel hinwegfegte, wurde sie völlig verwüstet, und davon hat sie sich bis heute noch nicht ganz erholt. Wäre die Welle ein wenig größer oder stärker gewesen, dann wäre vermutlich die gesamte Einwohnerschaft ausgelöscht und vielleicht sogar die Insel selbst zerstört worden.

Die Tuanakiinseln südöstlich von Rarotonga waren, wie es in einem Bericht von 1842 heißt, ein liebliches Südseerefugium, noch nicht verdorben durch die Berührung mit der westlichen Zivilisation und durch die Krankheiten, die von Walfängern und anderen Seeleuten gewöhnlich eingeschleppt wurden. Als aber 1844 Missionare zu diesen Inseln entsandt wurden, konnten sie sie nicht finden, denn die Inseln waren einfach verschwunden, und mit ihnen die glücklichen Insulaner, die somit von den Segnungen der Zivilisation verschont wurden.

Im Februar 1946 erlebten Beobachter an Bord des britischen Kriegsschiffs HMS *Urania*, wie etwa 300 Kilometer südwestlich von Tokio eine Insel aus dem Pazifik aufstieg. Die beiden Bergkegel der Insel waren fast 20 Meter hoch, und der Ozean hatte an dieser Stelle eine Tiefe von ungefähr 4800 Metern. Die Insel bedeckte eine Fläche von knapp drei Quadratkilo-

Der »Feuerring« des Drachendreiecks ließ 1946 eine neue Inselgruppe vom Meeresboden aufsteigen (Foto: Wide World)

metern. Die britische Admiralität benannte sie nach der *Urania*. Doch zwei Monate später versank die Insel wieder im Meer.

Auf Weltkarten, zumal auf Karten des Pazifischen Ozeans, wimmelt es von Inseln, die mit Fragezeichen versehen oder als »zweifelhaft« gekennzeichnet sind. Es gibt Inseln, die entdeckt und mit Längen- und Breitengradangaben in Karten eingetragen wurden, aber andere Schiffe konnten an den betreffenden Stellen keinerlei Land finden.

Kartographen, die weniger kritisch waren oder es nicht so genau nahmen, ließen diese dubiosen Inseln stehen und die

Fragezeichen einfach weg. Wie Henry Stommel, der Autor von *Lost Islands*, berichtet, entdeckte er einmal im Büro einer Fluggesellschaft einen großen Globus, auf dem am nordwestlichen Ende der Hawaiikette mit großen Lettern eine »Morellinsel« eingezeichnet war. Der »Entdecker« Benjamin Morrell hat zu seinen Lebzeiten als Verfasser mehrerer volkstümlicher Bücher über seine Forschungsreisen eine gewisse Berühmtheit erlangt. Manches deutet darauf hin, daß er einige seiner Abenteuer frei erfunden hat, aber möglicherweise war er auch ein so miserabler Navigator, daß seine Landung von 1823 tatsächlich auf der viel weiter östlich gelegenen Insel Cure stattgefunden hat.

Stommel führt die Entdeckung vieler zweifelhafter Inseln auf Navigationsfehler zurück. Die Seefahrer haben schon immer anhand des Sonnenstandes die geographische Breite ermittelt, aber die exakte Längenbestimmung war ein Problem bis zum Ende des 18. Jahrhunderts und bis zur Entwicklung zuverlässiger Schiffschronometer, mit deren Hilfe sich der Abstand zum Nullmeridian von Greenwich berechnen ließ. Vorher beruhte die »Himmelsnavigation« auf einer sorgfältigen Beobachtung des Mondzyklus, aufwendigen Kalkulationen und sehr viel Glück. Dabei konnte es zu Abweichungen bis zu 15 Grad kommen – mehr als 1500 Kilometer in der Äquatorgegend. Andere Irrtümer bei der Kartierung von Inseln sind möglicherweise auf eine Luftspiegelung oder Fata Morgana zurückzuführen. Ein amerikanisches Unterseeboot sichtete 1944 vor der Straße von Formosa einen Konvoi von vermeintlich japanischen Schiffen und bereitete sich auf einen Angriff vor. Doch als das Boot klar zum Gefecht war, verschwanden die Schiffe urplötzlich – von einem Augenblick zum andern. Der nächste Geleitzug war über 100 Seemeilen entfernt. Das Angriffsziel erwies sich als bloße Fata Morgana. In den modernen Satellitennavigationssystemen wird das alte Verfahren in verbesserter und sehr viel präziserer Form angewandt. Aber selbst in der Zeit der leistungsfähigen Chronometer konnten sich Ungenauigkeiten einschleichen. Das Nach- oder Vorgehen der Zeitmesser um wenige Sekunden summierte sich auf langen Reisen, wenn Vergleiche mit Uhren in »zivilisierten« Häfen selten möglich waren, zu fatalen Abweichungen. Wir kennen Berichte über Schiffe, deren Chronometer nach großer Fahrt bis zu zwei Stunden von der korrekten Uhrzeit abwichen. Das bedeutet natürlich, daß alle Längengradbestimmungen völlig danebenlagen.

Seitdem westliche Schiffe den Pazifik befahren – das sind knapp 500 Jahre –, wurden zahllose Inseln entdeckt und falsch lokalisiert, und so entstanden Phantominseln, deren scheinbare Position Hunderte oder gar Tausende von Kilometern von der realen entfernt war. Manche waren regelrechte Phantasiegebilde, so etwa die Gold- und die Silberinsel, Rica de Oro und Rica de Plata, die angeblich östlich von Japan lagen. Die Suche nach diesen reichen Inseln war das letzte Unternehmen des spanischen Entdeckungsreisenden Sebastián Vizcaíno, der die Küste Kaliforniens für die geplante Kolonisierung kartierte. Das unterbrochene Projekt wurde erst nach mehr als 150 Jahren wiederaufgenommen, so daß die spanische und später die mexikanische Präsenz in dieser Region schwach blieb – was schließlich zur Annexion durch die Amerikaner führte.

Die Spanier setzten übrigens die Suche nach den Inseln bis 1768 fort und gaben dann das Vorhaben endgültig auf. Doch noch 1801 sichtete ein spanischer Kapitän eine Insel in diesem Gebiet, was zur Folge hatte, daß sie bis 1922 in manchen Karten und Atlanten auftauchte.

Ähnliches wiederholte sich während der großen Landnahme vor dem amerikanischen Bürgerkrieg, als zahlreiche Besitzrechte auf Guanoinseln im sogenannten Amerikanischen Polynesien angemeldet wurden. Der Grund dafür war das Bestreben der Guanofirmen, für ihre Inseln den Schutz der

US-Regierung zu erwirken. Die Besitzansprüche wurden dem Außenministerium vorgelegt, und um sie auch öffentlich bekanntzumachen, spielte man sie einer Zeitung, der *New York Tribune*, zu.

In der von der Zeitung abgedruckten Liste von 48 Inseln begegnen uns vertraute Namen wie Malden, Christmas oder Howland. Moderne Kartographen entdecken hier jedoch viele falsch geschriebene Namen und gravierende Irrtümer in den Breiten- und Längengradangaben. In manchen Fällen handelt es sich vielleicht nur um bloße Versehen, wenn beispielsweise eine Insel von einem östlichen auf einen westlichen Längengrad verlegt wird. Eine abschließende Überprüfung ergab jedoch, daß insgesamt 21 dubiose Inseln auf der Liste standen.

Vincent Gaddis, der Autor des Buches *Invisible Horizons*, hat ermittelt, daß die amerikanische Regierung 1858 über ein Dutzend Inseln im Südpazifik namhaft machte, die sie »laut Gesetz vom 18. August 1856« für die Vereinigten Staaten reklamierte. Da aber keine dieser Inseln jemals richtig vermessen und kartiert worden war, verloren die USA Territorien, die offensichtlich überhaupt nicht existierten!

Andere Inseln, die angeblich im südlichen Pazifik entdeckt worden waren, erhielten einen Namen und wurden als Duke of York, Grand Duke Alexander, Monks, Favorite, Dangerous und Massacre in Karten eingezeichnet – lauter »Eintagsfliegen«, die sich sogleich wieder verflüchtigten. Man möchte nur gerne wissen, wer dem Herzog von York klargemacht hat, daß eine nach ihm benannte Insel irgendwie abhanden gekommen war.

Im Jahre 1885 erhob sich in der Tongagruppe eine Insel fast 100 Meter über den Meeresspiegel, die sich mit einem Durchmesser von mehr als drei Kilometern auf Dauer etabliert zu haben schien. Diese Insel, getauft auf den Namen Falcon, verschwand plötzlich in der Versenkung, tauchte aber 1927 wieder auf und scheint sich nunmehr mit einer Höhe von rund 30 Metern stabilisiert zu haben.

Die Verwirrung über auftauchende und wieder untergehende Inseln veranlaßte 1875 Captain Sir Frederick Evans, der als Hydrograph der britischen Kriegsmarine für die amtlichen Seekarten zuständig war, sich einmal genauer mit dem Problem der zweifelhaften Pazifikinseln zu befassen und 123 Flecken von seinen Karten zu tilgen – darunter auch drei, die tatsächlich existierten.

Navigationsfehler können allerdings nicht Landkennungen und Entdeckungen von größeren Landmassen erklären, die von tüchtigen Seeleuten stammen, aber ein einmaliges Ereignis blieben. So stieß etwa der englische Kaperschiffskapitän Edward Davis 1687 auf eine Insel westlich von Südamerika. In seinem 1699 erschienenen Buch über Seereisen schrieb der Navigator Dampier: »Kapitän Davis hat mir neulich erzählt, daß er … etwa 500 Meilen von Copiapó an der Küste von Chili [Chile] auf dem 27. südlichen Breitengrad eine kleine, sandige Insel unmittelbar vor sich erblickte und daß sie westlich davon einen langen und ziemlich hohen Landstreifen sahen, der sich in nordwestlicher Richtung weiter erstreckte, als ihre Augen reichten.«

Dieses Gebiet wurde unter dem Namen Davisland bekannt und löste im 18. Jahrhundert große Diskussionen aus, denn es hätte ja ein Teil des »Antipodenkontinents« sein können, jener riesigen Festlandsmasse, die viele als Gegengewicht zu Europa im Pazifik vermuteten.

Als Jacob Roggeveen 1722 dieses Meeresgebiet befuhr, fand er keine Spur von Davisland – das einzige Land, das er dort entdeckte, war die Osterinsel, die auf keinen Fall mit dem von Davis beschriebenen Land verwechselt werden konnte.

In spanischen Dokumenten ist jedoch zu lesen, daß 1576 Land gesichtet wurde durch den Navigator Juan Fernández, der auf einer Reise von Callao nach Valparaiso auf dem Pazifik weit nach Süden ausgewichen war, um den hinderlichen Meeresströmen zu entgehen. Nach einer einmonatigen Segelfahrt traf er auf ein Land mit »den Mündungen sehr großer Flüsse, von denen die Eingeborenen erzählten, und da diese so weiß und so wohlgekleidet und in jeder Hinsicht so verschieden waren von den Menschen in Chile und ganz Peru«, kam Fernández zu dem Schluß, er habe ein völlig neues Land entdeckt, vielleicht sogar einen neuen Kontinent.

Somit liegen uns aus einem Zeitraum von über 100 Jahren Berichte von zwei Seefahrern über eine recht ansehnliche Landmasse und sogar über deren Bewohner vor. Doch knapp 50 Jahre nach dem letzten Bericht war dieses Land verschwunden.

Im Jahre 1912 sichtete das englische Schiff *Glewalon* eine Insel auf Höhe der Osterinsel. Als ein chilenisches Übungsschiff dorthin segelte, um die Sache zu überprüfen, kreuzte es drei Wochen lang suchend umher – und die Lotungen ergaben lediglich Meerestiefen von rund 3000 Metern. Die Insel Sarah Anne im Nordwesten der Osterinsel überlebte fast ein Jahrhundert auf den Seekarten. Bei einer Suche nach der Insel, die auf dem Weg des Kernschattens der Sonnenfinsternis von 1937 hätte liegen sollen, fand man 1932 nur leeres, offenes Meer.

Die Hunterinsel war ein bewohntes Eiland und wurde nach ihrem Entdecker, dem Kapitän des Walfängers *Donna Carmelita,* benannt. Als Hunter dort 1823 an Land ging, fand er intelligente und recht zivilisierte Polynesier vor, die die sonderbare Gewohnheit hatten, den kleinen Finger der linken Hand beim zweiten Gelenk zu amputieren. Die Lage der Insel wurde sorgfältig notiert, desgleichen die der nächstgelegenen Insel, die den Namen Niaufu oder Can Tin Island trug. Doch andere Seefahrer, die sich hier aufhielten, bekamen die Insel nie zu Gesicht.

Die St.-Vincent-Inseln wurden 1789 von dem Spanier Antonio Martinus entdeckt, und noch 1824 verkündete ein katholischer Priester, er habe auf diesen bewohnten Inseln gelebt. Er beschrieb sie dem Seemann und Schriftsteller Benjamin Morrell als dicht bewaldet und mit guten Häfen ausgestattet. Morrell suchte die Region 1825 einen Monat lang ab, entdeckte aber nur verfärbtes Wasser in 120 Faden (ca. 220 Meter) Tiefe.

Das amerikanische Kriegsschiff *Levant* verschwand 1860 zwischen dem 133. und 138. westlichen Längengrad und dem 15. und 20. nördlichen Breitengrad. Es hatte angeblich auf einer nicht kartierten Insel Schiffbruch erlitten. Ein amerikanischer Kreuzer, der in das Unglücksgebiet entsandt wurde, konnte weder die *Levant* noch die Insel ausfindig machen.

Verschwunden ist auch die Insel Tuanaki bei Rarotonga. Zwischen 1840 und 1860 wurde sie mehrfach durch Walfänger gesichtet, und 1844 scheiterte der Versuch eines Missionarsschiffs, die Insel zu erreichen. Missionare berichteten, die Insel sei untergegangen, und 1876 überfuhren zwei Schiffe den Standort der Insel, ohne etwas von ihr zu bemerken.

An Bord der *Narragansett* befuhr Commander Meade, ein Offizier der US-Marine, 1872/73 das Seegebiet der Neuen Hebriden. In seinem Tagebuch vermerkte er, eine nahe bewohnte Vulkaninsel sei explodiert und verschwunden, und »die Überlebenden konnten sich nur mit knapper Not retten«.

Ähnliche Eruptionen ließen die japanische Insel Unsen 1793 in den Fluten versinken, wobei 50 000 Menschen ums Leben kamen, und 1596 überflutete ein Tsunami die Insel Uryu-Jima in der Ogasawarakette. 4000 Menschen starben, und die wenigen Überlebenden retteten sich mit Fischerbooten aufs Festland. In jüngerer Zeit verließen 13 000 Bewohner die Insel Oshima, als dort ein Vulkan aktiv wurde.

Angesichts der abwechselnden Senkungen und Hebungen des pazifischen Meeresbodens begreift man die Angst der

Inselbewohner davor, daß ihr Grund und Boden in den Ozean zurücksinken könnte. Das gilt insbesondere auch für die großen Städte und Häfen in Meereshöhe, die sich über das Festland am Rande des »Feuerrings« verteilen. Und gerade hier hat die Vulkantätigkeit in den letzten Jahren zugenommen.

Vor einem solchen Hintergrund, wo ganze Inseln untergehen können, erscheint das Verschwinden von ein paar Schiffen und Flugzeugen nahezu belanglos, doch für einen Inselstaat wie Japan ist es ein Zeichen extremer Gefährdung. Das einzige, was man mit Sicherheit konstatieren kann, ist, daß niemand weiß, wie, wo oder wann die titanischen Mächte des Pazifiks – und des Drachendreiecks – als nächstes zuschlagen werden.

11

Versunkene Länder und verschollene Kulturen

Wie in der Geologie gibt es auch in der Geschichtswissenschaft Anhänger des Katastrophismus und Verfechter einer gleichförmigen Entwicklung. Derzeit ist unter orthodoxen Historikern die Auffassung der Katastrophisten genauso populär, wie sie es vor drei Jahrzehnten bei den orthodoxen Geologen war. Die orthodoxe Geschichtsauffassung entwirft das Bild eines stetigen Fortschreitens der Kulturen und des menschlichen Wissens, vom alten Ägypten und Mesopotamien über Griechenland und Rom, mit einem Rückschlag im Mittelalter, gefolgt von einer Wiederbelebung der Wissenschaften in der Renaissance und dem Triumph der modernen Zivilisation. Im wesentlichen gründet sich diese Auffassung auf die abendländische Zivilisation, und nur allmählich finden die gleichlaufenden Entwicklungen in den fernöstlichen Kulturen die gebührende Beachtung. Es gibt indes ganze Kulturkreise - der des minoischen Kreta, des Industals und der Maya beispielsweise -, über die nur sehr wenig bekannt ist. Selbst wenn sich schriftliche Zeugnisse erhalten haben, können wir sie vielfach nicht entziffern.
Der orthodoxen Geschichtsschreibung widerstrebt vor allem

die Vorstellung, die »primitiveren« frühen Kulturen könnten so etwas wie modernes Wissen besessen haben, und häufig werden Gerätschaften, die von einer höheren Technologie zeugen, unter der gängigen Allerweltskategorie »Ritualgegenstände« abgetan. Hier spürte ein Forscher Vorrichtungen auf, die sich als antike elektrische Batterien herausstellten. Ein anderer Archäologe entdeckte in den Ruinen von Ninive eine perfekte optische Linse – sie entstand 1900 Jahre vor der Zeit, in der solche Linsen für möglich gehalten wurden. Sein Fund wurde als Teil eines Schmuckgegenstandes etikettiert.

Thomas Kuhn, ein Philosoph am MIT (Massachusetts Institute of Technology), hat für die grundlegenden wissenschaftlichen Weltbilder den Begriff »Paradigmen« eingeführt. Hin und wieder werden Entdeckungen gemacht, die so umfassend und fundamental sind, daß sie einen Paradigmenwechsel erzwingen. Es gab zum Beispiel einmal eine Zeit, in der man »wußte«, daß die Erde der Mittelpunkt des Kosmos ist. Zeit und Raum wurden früher als absolut aufgefaßt. Aber da Paradigmen wechseln, müssen die etablierten Vorstellungen immer wieder in Einklang gebracht werden mit den sich mehrenden neuen Erkenntnissen und Informationen, die dem alten Paradigma widersprechen.

Seit vielen Jahren häufen sich die Erkenntnisse – aus Volksüberlieferungen und Sagen, aus Sprachvergleichen beiderseits des Atlantiks und neuerdings aus uralten Stätten, die aus den Fluten der Karibik auftauchen, aus Unterwasserruinen bei Madeira und vor den Küsten Spaniens und Marokkos sowie aus Zeugnissen einer »vorsintflutlichen« Kultur auf den Kanarischen Inseln –, daß einmal eine hochentwickelte Zivilisation bestanden hat, die im Meer versunken ist: Atlantis. Obwohl so viele Belege zusammengetragen worden sind, reicht die Reaktion der orthodoxen Historiker von Skepsis bis zu handfester Feindseligkeit.

Wie sollen wir unter diesen Umständen mit den Gerüchten

und Hinweisen verfahren, die auf eine alte Zivilisation in der unermeßlichen Weite des Pazifik hindeuten?

Die Vorstellung von einem verschollenen pazifischen Kontinent stößt in der Wissenschaft womöglich auf noch stärkere Ablehnung als die von Atlantis. Die Geologie verfügt über keine Belege, daß Teile des pazifischen Beckens jemals über Wasser lagen, und hält nach wie vor an ihrer Auffassung fest, daß irgendwelche Veränderungen dieser Art sich über Jahrmillionen hingezogen hätten, so unendlich langsam, daß man sie kaum als Veränderungen betrachten könnte. Globale Veränderungen vollziehen sich in einem kosmischen Zeitrahmen, nicht in einem menschlichen. Es ist ein Paradigma der konventionellen Wissenschaft, daß geologische Umwälzungen wie die Kontinentaldrift oder das Absinken von Festlandmassen unter das Meer in Millionen oder 10 Millionen von Jahren vor sich gehen.

Doch auf der Karte des Pazifiks entdeckt man eine riesige Region, die als Ozeanien bezeichnet wird und die mit einer Vielzahl von Atollen und Vulkaninseln übersät ist. Einige sind isolierte Tupfen, aber die meisten schließen sich zu Ketten und Archipelen zusammen. Viele tragen Namen, die romantische Gefühle wecken: Tahiti, Samoa, Hawaii, Tonga.

Diese Inseln sind mehr als die Kulisse von Abenteuerromanen. Sie bergen eine Fülle von archäologischen und kulturellen Phänomenen, die sich einer rationalen Deutung entziehen, wenn man ihnen mit den herkömmlichen Vorstellungen von der geologischen und sozialen Geschichte der Region beizukommen versucht. Diese Phänomene verlangen nach alternativen Theorien, unorthodoxen, aber nicht neuen, die sie nicht als mysteriöse Absonderlichkeiten, sondern als Hinterlassenschaft einer wenig erforschten Vergangenheit auffassen.

Das bekannteste Beispiel einer solchen rätselhaften Örtlichkeit ist die Osterinsel, auch Rapa Nui genannt.

Sie ist ein weltabgeschiedenes Fleckchen Erde, Tausende Kilometer von Chile entfernt. Der holländische Seefahrer Jacob Roggeveen entdeckte sie am Ostersonntag des Jahres 1722, als er vergebens nach dem bereits erwähnten Davisland suchte.

Vor allem durch die Arbeiten des Forschers und Schriftstellers Thor Heyerdahl ist die ganze Welt vertraut mit dem berühmtesten Rätsel der Osterinsel, den gigantischen steinernen Statuen, den sogenannten *moai*, die vielerorts in der Landschaft stehen. Es sind langgestreckte Standbilder, bestehend aus Rumpf und Kopf, und obgleich sie unterschiedlich groß sind, kann man selbst die kleinsten noch mit Fug und Recht als monumental bezeichnen.

Die Steine, aus denen die *moai* hergestellt wurden, stammten ursprünglich aus einem riesigen Steinbruch an einem Ort, der Rau Raraku heißt. Hier wurden sie behauen. Dann mußten die Statuen, die bis zu 18 Meter hoch waren und bis zu 30 Tonnen wogen, über Entfernungen von 15 Kilometern und mehr transportiert werden, und am Ziel warteten mächtige Steinplattformen *(ahus)* auf sie. Die *moai* wurden dort aufgerichtet und aufrecht auf die *ahus* gestellt. Zusätzlich wurden Schmuckelemente aus rötlichem Stein, die wohl einen roten Haarschopf darstellen sollten, oben auf die Figuren gesetzt.

Die heutigen Bewohner der Osterinsel verfügen nicht mehr über die technischen Fertigkeiten, die zum Transport und zum Aufstellen solcher gewaltiger Steinplastiken erforderlich waren. Es gibt keine schriftliche Überlieferung, in der die Gelehrten Antworten auf ihre Fragen finden könnten.

Wenn man die Insulaner über die *moai* befragt, antworten sie ausweichend. Sie neigen dazu, die erstaunliche Leistung, die mit der Verfrachtung der Riesenstatuen in rauhem Gelände verbunden war, ohne daß diese zu Bruch gingen oder beschädigt wurden, mit magischen Vorgängen zu erklären.

Zaubersprüche und Beschwörungen, so erwidern sie zumeist, hätten die Statuen zum »Gehen« bewogen.

An einer anderen Fundstätte der Osterinsel, in Vinapu, steht eine teilweise zerstörte Mauer aus großen Steinplatten, die sauber aufgeschichtet sind und deren Lücken mit kleineren Steinen ausgefüllt wurden. Die Archäologen haben auf die verblüffende Ähnlichkeit hingewiesen, die zwischen diesen Ruinen und denen im peruanischen Cuzco, Machu Picchu usw. bestehen.

In *Aku-Aku*, seinem Buch über die Osterinsel, schreibt Heyerdahl über die *moai* und andere Großsteinrelikte von Rapa Nui: »Eines ist gewiß: Dies ist nicht das Werk einer Kanubesatzung von polynesischen Holzschnitzern. ... Die rothaarigen Giganten mit den klassischen Zügen wurden geschaffen von Seefahrern, die aus einem Land mit einer generationenlangen Erfahrung im Umgang mit Monolithen stammten.«

Eine weitere Frage ist im Zusammenhang mit den *moai* von Rapa Nui aufgeworfen worden. Im Steinbruch von Raru Raraku finden sich zahlreiche Steinblöcke und Statuen, die einen unterschiedlichen Grad der Vollendung aufweisen, was darauf schließen läßt, daß die gesamte Arbeit abrupt beendet worden ist. Irgend etwas hat die alten Kunsthandwerker veranlaßt, ihre Tätigkeit schlagartig einzustellen. Über den Grund können wir nur Vermutungen anstellen.

Ponape oder Pohnpei ist die größte Insel im östlichen Karolinenarchipel, der mit seinen rund 500 Inseln wiederum der größte Archipel in Mikronesien ist. Er liegt 5 Grad nördlich des Äquators und ungefähr 1600 Kilometer nordöstlich von Neuguinea. Die vulkanische Insel wird von rund 20000 Menschen bewohnt, die weder besonders tüchtig noch besonders fleißig sind. Sie betätigen sich nicht als Steinmetzen oder schnitzer, und sie haben auch nie größeres technisches Geschick unter Beweis gestellt.

Und doch findet man an der Küste von Ponape die Ruinen

einer erstaunlich großen und komplexen steinernen Stadt. Sie trägt den Namen Nan Madol (andere Schreibweisen sind Nan Modal und Nan Metal). Die sichtbaren Überreste bedecken eine Fläche von rund 70 Hektar. Die Stadt wurde errichtet aus mächtigen langen Basaltsteinen oder -säulen, einem Vulkanitgestein, das besonders hart und schwer ist. Diese Säulen, meist 1 bis 3,50, manchmal sogar bis 7,50 Meter lang, stammen aus einem etwa 50 Kilometer entfernten Steinbruch. Es liegt auf der Hand, daß man sie mit Flößen zum Standort der Stadt befördert hat.

Nan Madol besteht aus zahlreichen großen Plattformen, die auf dem Korallenuntergrund schachbrettartig angeordnet sind. Darauf erheben sich ein Palast, ein Festsaal, Tempel, Wohnquartiere, Gräber, Gewölbe, Mausoleen und andere Bauwerke. Eine massive Küstenmauer schützte die Stadt vor dem Ozean, und durch ein darin eingelassenes Tor gelangten die Schiffe in den Hafen. Die Basaltsäulen wurden kreuzweise übereinandergelegt, fast wie bei einem amerikanischen Blockhaus. Kein Mörtel wurde verwendet, um die Blöcke zusammenzuhalten.

Die Stadt scheint dreiteilig angelegt worden zu sein: In der Unterstadt lebten der König mit seinem Hofstaat und der Adel; die Oberstadt war für die Tempel und Priester bestimmt; und die mächtigen Umfassungsmauern enthielten die Gewölbe, Mausoleen und Gräber.

Niemand weiß, wie alt Nan Madol ist. Die Smithsonian Institution schätzte das Alter der Anlage auf ungefähr 1000 Jahre, doch sie könnte sehr wohl erheblich älter sein. Die Karbondatierung versagt bei Stein, und wie auf der Osterinsel gibt es auch hier keine schriftliche Überlieferung, jedenfalls keine, die wir entziffern könnten.

In Eingeborenenlegenden wird der Bau von Nan Madol zwei Brüdern zugeschrieben, Olsihpa und Olsohpa, die in einem großen Kanu auf der Insel landeten und die Stadt in einem einzigen Tag vollendeten, und zwar mit Hilfe von magischen Beschwörungsgesängen, die bewirkten, daß die schweren Steine an Ort und Stelle flogen. Einiges deutet darauf hin, daß in den Tempeln Meerestiere wie Schildkröten und Aale verehrt wurden, aber insgesamt scheint die Kultur, der Nan Madol zugehörte, restlos untergegangen zu sein, wiederum, wie im Falle der Osterinsel, inmitten der Steinbrucharbeiten für neue Bauwerke.

Allein die Tatsache, daß ein solches Wunder an einem solchen Ort existiert, muß Anlaß zu Spekulationen geben, etwa zu solchen, die John MacMillan Brown in seinem Buch *The Riddle of the Pacific* geäußert hat: »Die Floßfahrten über das Riff bei Hochwasser und der Weitertransport dieser gewaltigen Blöcke, von denen viele ein Gewicht von 5 bis 25 Tonnen haben, bis zu einer Höhe von fast 20 Metern müssen den Einsatz von Zehntausenden von organisierten Arbeitskräften erfordert haben ... doch in einem Umkreis von rund 2500 Kilometern leben heutzutage nicht mehr als 50 000 Menschen.«

Es hat schon immer Gerüchte über eine zweite versunkene Stadt in den Gewässern vor Nan Madol gegeben. Der deutsche Reiseschriftsteller Herbert Rittlinger schrieb 1939, Taucher hätten gut erhaltene Straßen, Säulen, Monolithen und Gewölbe gesichtet, und japanischen Tauchern sei es sogar gelungen, größere Mengen Edelmetalle und Juwelen aus dieser Fundstätte zu bergen.

Es gibt jedoch auch neuere und konkrete Belege. Dr. Arthur Saxe berichtet in seiner 1980 erschienenen Abhandlung *The Nan Madol Area of Ponape: Researches into Bounding and Stabilizing an Ancient Administrative Center* von der Entdeckung einer Steinsetzung in einer schnurgeraden Einzelreihe. Andere Taucher, die diese Gewässer erkundet haben, fanden Säulen und mit Inschriften versehene Basaltblöcke. So groß und komplex auch das oberirdische Nan Madol erscheint, es besteht die Möglichkeit, daß Teile einer noch größeren Metropole in den Fluten des Pazifiks versunken sind. Eine Stadt dieser Größenordnung wirkt reichlich deplaziert auf einer so kleinen und dünnbesiedelten Insel wie Ponape. Auf den Marianen stehen die Überreste gewaltiger Bauwerke, die man *lat'tes* nennt. Es sind aufrechtstehende Monolithen in zwei parallel angeordneten Reihen aus vier bis sechs Steinen, gekrönt mit vergleichsweise riesigen Kapitellen.

Auf der Insel Tinian erheben sich die Ruinen des Taga-Hauses. Es umfaßt eine Reihe von abgestumpften pyramidenförmigen Säulen, deren Umfang an der Basis 5,50 und an der Spitze 4,50 Meter beträgt und die 3,50 Meter hoch aufragen. Die Kapitelle haben einen Durchmesser von etwa 1,50 Metern. Als die Spanier, die als erste die Insel erforschten, nach den Erbauern fragten, antworteten die Insulaner: die Chamorros. Das seien Leute gewesen, »die vor uns gekommen sind«.

Auf der Isle of Pines vor der Küste Neukaledoniens wurden Sand- und Kieshügel entdeckt. Als man sie näher untersuchte, stellte sich heraus, daß sie Zementsäulen aus einem Kalk-Mörtel-Gemisch enthielten. Die Säulen hatten einen Durchmesser von 100 bis 190 und eine Länge von 100 bis 250 Zentimetern. Ihr Verwendungszweck ist noch ungeklärt.

Die polynesischen Marquesasinseln weisen allenthalben *ahus* auf, riesige Steinterrassen, ähnlich den Plattformen, auf denen die *moai* der Osterinsel errichtet worden sind. Herman Melville beschreibt sie in seinem Roman *Typee* und läßt sich über ihre Größe, das offensichtliche Geschick, das ihre Herstellung erforderte, und ihr hohes Alter aus.

In *Aku-Aku* schildert Thor Heyerdahl eine Reihe von umwallten Hügelbefestigungen auf der winzigen Insel Rapiti. Er inspizierte eine davon, die den heutigen Insulanern unter dem Namen Morongo Uta bekannt ist. Vor langer Zeit hat ein altes Kulturvolk sie errichtet und bewohnt, aber seit Menschengedenken haben die gegenwärtigen Eingeborenen, die über die Erbauer nicht das mindeste wissen, nichts dergleichen zustande gebracht.

Auf der Insel Yap finden sich mehrere Steinwälle und Terrassen, die an die *ahus* der Marquesas erinnern, sowie Säulen, steingepflasterte Wege und die Ruinen von Bauwerken, die vermutlich Versammlungshäuser waren.

Stumpfe Pyramiden, *marae* genannt, haben sich auf den Gesellschaftsinseln Mooréa, Raiaté, Maeva und Bora Bora erhalten.

Die Meuterer von der *Bounty*, die sich zunächst auf Pitcairn niederließen, fanden die Insel unbewohnt vor, entdeckten aber vier viereckige Plattformen, von denen eine den einzigen brauchbaren Hafen überblickte und in jeder Ecke mit einer Statue geschmückt war. Sie zerstörten die Figuren und warfen die Trümmer ins Meer.

In der Kirbatigruppe liegt eine abgeschiedene und öde Insel namens Malden. Hier findet man die Überreste stumpfer Stufenpyramiden und gepflasterte Wege, die zum Meer absteigen.

Etwa 1600 Kilometer genau südlich der Maldeninsel liegt Rarotonga, die größte der Cookinseln. Auf Rarotonga gibt es eine uralte Pflasterstraße, die ringförmig über die Insel verläuft. Sie wird Ara Metua genannt.

Reste von Bauwerken sind auf vielen melanesischen Inseln entdeckt worden, auf den nördlichen Neuen Hebriden, auf Santa Maria, den Banksinseln, Fidschi und Ysabel in der Gruppe der Salomoneninseln.

In keinem der genannten Fälle gibt es irgendwelche Anhaltspunkte für eine etwaige Beziehung zwischen den gegenwärtigen Bewohnern und den geheimnisvollen Baumeistern, deren Werke noch immer stehen, auch wenn sie durchweg verfallen und vom Dschungel überwuchert sind. Sie verweisen nachdrücklich auf eine längst entschwundene Kultur, deren Baulust sich in den Gemeinwesen, die sie ablösten, nicht erhalten hat. Die orthodoxe Wissenschaft kann, wenn sie mit deren Existenz konfrontiert wird, nur ihr lückenhaftes Wissen hinsichtlich der Geschichte dieser Region eingestehen.

Die Völker Ozeaniens haben ihr Wissen, ihre Geschichte und ihre Mythen mündlich weitergegeben. Sie benutzten keine Schriftsprachen. Nur auf der Osterinsel wurden, eingeritzt in Steine und eingeschnitzt in Tafeln aus einem Holz, das auf der Insel nicht vorkommt, Beispiele einer Schrift entdeckt, die bislang noch nicht entziffert werden konnte.

Die Tafeln werden als *rongo-rongo* bezeichnet. Es fehlt uns leider das Gegenstück zum berühmten Stein von Rosette, mit dessen Hilfe die ägyptischen Hieroglyphen erstmals enträtselt wurden. Als die ersten Europäer die Insel besuchten, soll es noch einige Eingeborene gegeben haben, die die *rongo-rongo*-Tafeln lesen konnten, doch wenn damals ein solches Wissen noch bestanden hat, so ist es inzwischen völlig untergegangen.

Wir wissen immerhin, daß es sich um eine Bustrophedonschrift handelt – daß also die Zeichen abwechselnd von links nach rechts und von rechts nach links gelesen werden, »so wie der Ochse pflügt« und wie wir es von frühen europäischen und asiatischen Schriften her kennen. Wir wissen auch, daß eine sehr starke Ähnlichkeit besteht zwischen den Schriftzeichen der Osterinsel und jenen einer anderen antiken Kultur, nämlich der des Industals im heutigen Pakistan.

Die Industalkultur geht zeitlich der historischen Kultur Indiens voraus. Ihre beiden wichtigsten Städte, Mohenjo-Daro und Harappa, bestanden nachweislich bereits um 4000 v. Chr. Sie waren aus Ziegeln erbaut und verfügten über eine raffinierte Wasserversorgung und Abfallbeseitigung. Doch etwa um 3500 v. Chr. verschwand die Kultur; wahrscheinlich wurde sie durch Barbareneinfälle aus dem Norden zerstört. Die Lebensformen, die eine technische Verfeinerung hervorbringen, sind der rohen Gewalt unzivilisierter Horden, die auf Eroberung aus sind, bedauerlicherweise nur selten gewachsen.

Was die unleugbare Ähnlichkeit der beiden Sprachen so außergewöhnlich erscheinen läßt, ist einerseits die Tatsache, daß die Quelle der Industalkultur vor mehr als fünf Jahrtausenden versiegte, andererseits aber auch der Umstand, daß die Osterinsel und die Städte Monhenjo-Daro und Harappa auf dem Globus einander fast diametral entgegengesetzt liegen. Auf dem ganzen Erdball existiert buchstäblich keine Festlandregion, die von dieser Insel weiter entfernt wäre als das Industal.

Daß ein Volk wie das von Rapa Nui von sich aus und völlig isoliert von kulturellen Fremdeinflüssen ein Schriftsystem geschaffen haben könnte, wie wir es von den *rongo-rongo*-Tafeln kennen, ist schwer zu glauben; daß die so entstandenen Zeichen eine solche Ähnlichkeit mit denen einer anderen Sprache auf der anderen Seite der Erdkugel aufweisen könnten, scheint ein Ding der Unmöglichkeit zu sein, und doch ist es so. In Mohenjo-Daro und in anderen antiken Städten auf dem Boden des heutigen Pakistan hat sich diese Schrift auf Ton- und Metallsiegeln erhalten, während auf der Osterinsel die gleichen Zeichen in Tafeln aus Hartholz eingeschnitten wurden. Die meisten dieser Tafeln sind verlorengegangen, sie wurden im Laufe der Jahrhunderte geraubt oder zerstört. Die Schriften, die eine Silben- oder Bilderschrift darstellen, stimmen fast völlig überein, sind aber gleichermaßen unlesbar und werden es auch bleiben, solange niemand den Schlüssel zu ihnen findet.

Sprachliche Ähnlichkeiten hat man auch zwischen den Maori Neuseelands und den indianischen Quechua Perus festgestellt. Die nachfolgenden Beispiele für derartige Entsprechungen überquerten den Pazifik entweder von Osten nach Westen oder von Westen nach Osten, oder sie haben möglicherweise ihren Ursprung auf einer großen pazifischen Landmasse, die heute von Meer bedeckt ist.

Deutsch	Maori (Neuseeland)	Quechua (Peru)
zwischen	pura	pura
Häuptling	kura	kuraca
Liebe	muna	munay
Haut	kiri	kara
Süßkartoffel	kumara	kumara
verstümmelt	mutu	mutu

Auf einem winzigen Atoll in Ozeanien, das Faraulep heißt, entdeckte die Thilenius-Südsee-Expedition von 1908 eine Serie von Zahlensymbolen, die extrem hohe Werte darstellten: 100 000, 200 000, 300 000 bis 1 000 000, 3 000 000, 5 000 000, 10 000 000 und sogar 60 000 000. Welchen Nutzen solche Zahlen für ein primitives Völkchen auf einer winzigen und entlegenen Insel haben kann, ist schwer vorstellbar.

Wie im Falle der archäologischen Relikte haben wir auch hier keine plausible historische Erklärung für die Existenz von Bruchstücken einer geschriebenen Sprache in einer Weltgegend, die von analphabetischen Völkern bewohnt ist. Doch zweifellos kann man davon ausgehen, daß sich beide Phänomene auf eine gemeinsame Quelle zurückführen lassen – eine Kultur von einer ansehnlichen Leistungs- und Zivilisationshöhe.

Der Mangel an einer schriftlichen Überlieferung erzeugt freilich ein frustrierendes Vakuum, was die konkrete Kenntnis dieser Kultur angeht, ungeachtet der großen Fülle von Artefakten, die sie hinterlassen hat. Etwas mehr Licht wird auf diese geheimnisvollen Völkerschaften geworfen, wenn wir uns einige der Mythen und Legenden aus der Region etwas genauer anschauen. Wie bei den Überbleibseln der Schriftsprachen fallen auch hier manche erstaunlichen und aufschlußreichen Ähnlichkeiten ins Auge.

Als die spanischen Konquistadoren unter Francisco Pizarro in Peru ankamen, löste das bei den eingesessenen amerikanischen Indianern nicht einen solchen Schock aus, wie man ihn wohl bei der Begegnung mit etwas ganz und gar Unvorstellbarem erwartet hätte. Die Spanier wurden vielmehr als sagenhafte Wesen betrachtet, die *viracocha* hießen – Vertreter einer hellhäutigen blonden Rasse, die großes Wissen und große Macht besaß und die, der vorherrschenden mündlichen Überlieferung zufolge, Peru schon vor langer Zeit einmal besucht und versprochen hatte, daß sie eines Tages wiederkommen würden.

Auf den Malediven gibt es Legenden über die Redin, die »Alten«. Diese werden als blond und blauäugig beschrieben, und man sagt ihnen nach, sie hätten dort die alten Tempel und Städte erbaut.

In der Mataora-Legende Neuseelands ist in ähnlicher Form von einem frühen Volk die Rede, das sehr mächtig und tüchtig war. In Neuseeland gibt es ein kompliziertes Entwässerungssystem aus einer fernen Vergangenheit, dessen Planung und Bau nicht nur große Fähigkeiten voraussetzten, sondern auch ein gewaltiges Potential an Arbeitern und sehr viel logistisches Geschick bei der Unterbringung, Versorgung und Organisierung solcher Menschenmassen. Diese wunderbaren Leistungen werden den Mataora zugeschrieben.

Eine polynesische Sage erzählt von Wakea, einem Propheten oder Weisen mit heller Hautfarbe und braunem Haar, der irgendwann vor langer Zeit in der Inselwelt eintraf. Er soll zusammen mit anderen, die ihm ähnlich sahen, in drei großen Schiffen mit Ruderern und riesigen Segeln gekommen sein.

In der mündlichen Tradition der Osterinsel heißt es, sie sei von zwei Rassen besiedelt worden, die als Langohren (*hanau eepe*) und Kurzohren (*hanau momoko*) bezeichnet wurden.

211

Die Langohren waren durchweg größer, heller und hatten meist helleres, oft rötlich getöntes Haar. Sie galten als tüchtiger und beherrschten die Kurzohren, bis diese rebellierten. Heyerdahl berichtet in *Aku-Aku* von Begegnungen mit Insulanern, die behaupteten, von den Langohren abzustammen, und tatsächlich die entsprechende helle Haarfarbe und die anderen körperlichen Merkmale aufwiesen. Sie verkündeten voller Stolz, daß ihre Vorfahren die *moai* und die übrigen Artefakte geschaffen hätten, die die Insel berühmt gemacht haben. Die *moai* waren, wie gesagt, ursprünglich von großen steinernen Knotengebilden gekrönt, die einem roten Haarschopf glichen, und die Statuen zeigen die langen Ohrläppchen, denen die *hanau eepe* ihren Namen verdanken.

Der Auftritt hellhäutiger und hellhaariger Seefahrer in den mythischen Überlieferungen so vieler weitverstreuter Regionen legt die Vermutung nahe, daß es solche Menschen in einer vorgeschichtlichen Epoche wirklich gegeben haben muß. Ihre Fertigkeiten im Bauwesen und im Umgang mit dem Stein waren ungewöhnlich, und ihre Fähigkeiten als Navigatoren und Seeleute scheinen sogar die der frühen westlichen Hochkulturen übertroffen zu haben.

Eine große Frage drängt sich indes in den Vordergrund, wenn man über eine solche hochentwickelte Kultur nachdenkt: Wie war es möglich, daß diese weit fortgeschrittene Zivilisation fast spurlos von der Erde verschwand und uns nur die bruchstückhaften und vagen Belege hinterließ, die wir erörtert haben?

Bei der Behandlung dieser Frage müssen wir uns mit dem Problem der gleichförmigen, allmählichen Entwicklung in der Geologie auseinandersetzen. Bei der Kontinentaldrift haben die Geologen zwar die Katastrophentheorie akzeptiert, aber sie halten an der Vorstellung fest, daß sich diese Umwälzungen oder das Absinken von Landmassen nur in Zeiträumen von Jahrmillionen vollziehen können. Die Katastrophen, die durch Erdbeben, Vulkanausbrüche oder Flutwellen entstehen, gelten vor dieser zeitlichen Dimension als untergeordnete Ereignisse.

In der Geschichte gibt es jedoch Beispiele dafür, daß Kulturen wagemutiger Seefahrervölker durch eine einzige seismische Katastrophe geschwächt oder gar ausgelöscht wurden. Mit der Zerstörung von Port Royal im Jahre 1692 verlor England seine reichste Stadt in der Karibik und zugleich einen überaus wichtigen Stützpunkt der englischen Freibeuter. Die unweit einer Verwerfungslinie erbaute Stadt rutschte zu einem Drittel ins Meer, und der Rest wurde von einem Tsunami verwüstet. Viele Jahrhunderte früher zerstörte ein Vulkanausbruch auf der Insel Thera (Santorin) eine große Hafenstadt, und eine Flutwelle überrollte die Küsten Kretas. Das Ergebnis war der Untergang der minoischen Kultur.

Hat ein Erdbeben vielleicht auch das Kerngebiet eines kühnen, hellhäutigen Seefahrervolkes in den Pazifik geschleudert und nur kleine Kolonien übriggelassen, die von der alteingesessenen Bevölkerung absorbiert worden sind? Könnte eine prähistorische Krakatau-Explosion ein Inselreich vernichtet haben, das einst Ozeanien einte?

Erst vor 12 000 Jahren hat die eiszeitliche Vergletscherung den Meeresspiegel um etwa 180 Meter gesenkt. Inseln wie die Hawaii-Kette und große Teile des Meeresbodens im Bereich des heutigen Indonesien und Malaysia sind damals trockengefallen.

Mythen und Sagen über Kataklysmen, große katastrophale Ereignisse, sind vielen, wenn nicht den meisten Völkern überall in der Welt vertraut. Man denke nur an den biblischen Noah. Ähnliche Legenden sind so allgemein verbreitet wie die archäologischen Überreste auf den Inseln Ozeaniens.

Schauen wir uns nur die Osterinsel an. Die Überlieferung der Inselbevölkerung besagt, daß das Eiland nur das letzte Überbleibsel eines großen Landes namens Hiva ist, das ansonsten unter die Wasseroberfläche des Pazifiks abgesunken ist. Da die korrekte Aussprache von Hawaii eigentlich »Havaii« ist, ergibt sich hier eine interessante Parallele zu Hiva.

»Hiva« ist überdies der Name, den die Maoris Neuseelands ihrem Ursprungsland gegeben haben, das einst weiter östlich in der Nähe der Marquesas lag, wo die Erinnerung an eine im Meer versunkene Landmasse noch immer lebendig ist. Eine andere Legende der Osterinsel erzählt von Hotu Matua, einem Halbgott, der aus seiner Heimat Gelehrsamkeit und Magie nach Rapa Nui brachte, als ebendiese Heimat unterging.

Auf der Insel Yap gibt es ein kleines Dorf mit Namen Gatsepar, dessen Bewohner alljährlich Inseln, die Hunderte von Kilometern entfernt sind, Opfertribute darbringen, die Erdbeben und Stürme und andere zerstörerische Naturereignisse abwehren sollen. Derlei Traditionen werden gemeinhin als bloße Legenden abgetan. Doch man erinnere sich, daß Jacob Roggeveen, als er 1722 die Osterinseln entdeckte, eigentlich auf der Suche nach Davisland war, einem großen sandigen Archipel, den John Davis einige Jahre zuvor gesichtet und recht genau beschrieben hatte.

In seinem Buch *The Riddle of the Pacific* meint MacMillan Brown dazu: »Die Relikte der alten Osterinselkultur lassen sich nur durch die Existenz eines abgesunkenen Archipels erklären, der sich an der Stelle befand, wo Davisland gesichtet worden ist.«

Von der Osterinsel ist außerdem bekannt, daß sie über einer größeren Bruchzone liegt, also in einem Bereich, wo die tektonischen Platten unterhalb der Erdkruste zusammenstoßen, und somit in einem Zentrum seismischer Unruhe. Auf seiner Fahrt um die Welt entdeckte das amerikanische Atomunterseeboot *Nautilus* vor der Insel einen sehr hohen, aber noch immer nicht genau identifizierten unterseeischen Berggipfel. Und neuerdings spricht Professor H. W. Menard von der

University of California nicht nur von einer bedeutenden Bruchzone in der Nähe der Osterinsel, sondern auch von der Entdeckung eines mächtigen Sedimentrückens in dieser Gegend, der weiteren Aufschluß geben könnte.

Das Pazifikbecken ist übersät mit Seamounts – riesigen Bergkegeln mit abgeflachten Kuppen, von denen einige oder viele einmal Inseln gewesen sein könnten. Und noch in historischer Zeit, nämlich erst 1836, verschwand die südlich der Cookgruppe gelegene Insel Tuanahe im Meer.

Die versunkenen Ruinen in den Gewässern vor Nan Madol sind ein Beleg für eine Senkung des Meeresbodens, bei der möglicherweise der größere Teil einer bedeutenden Stadt überflutet wurde. Doch selbst wenn wir uns nur an das halten, was vom oberirdischen Nan Madol übriggeblieben ist, stellt sich die Frage, woher die Arbeitermassen kamen, die für ein solches Bauvorhaben notwendig waren.

Auch wenn die einzelnen Beweisstücke für sich genommen nicht genug Gewicht haben, die Fundamente der etablierten wissenschaftlichen Lehrmeinung zu erschüttern, so ergibt doch die Häufung solcher Indizien ein immer eindrucksvolleres Bild.

Weitere relevante und höchst aufschlußreiche Fakten erbringt das Studium alter Landkarten. Eine der wichtigsten ist die Piri-Reis-Karte aus dem Jahre 1513. Sie entstand in der Türkei und stützte sich angeblich auf viel ältere Kartenwerke, »gezeichnet in den Tagen Alexanders«. Die Karte zeigt ein paar Details der Küste und des Landesinneren von Südamerika – eigentlich sogar erstaunlich viele, wenn man bedenkt, daß die erste Reise des Kolumbus nur 21 Jahre zurücklag und daß noch kein Europäer die südamerikanische Westküste oder gar das Binnenland betreten hatte.

Doch der interessanteste Aspekt der Piri-Reis-Karte kam erst vor einiger Zeit ans Licht, als ein Exemplar Arlington H. Mallery, einem Kapitän a.D. der US-Navy, in die Hände geriet. Ihm fiel auf, daß die Umrisse eines Festlands im südlichsten Teil der Karte eine verblüffende Ähnlichkeit mit den Konturen Antarktikas hatten – so wie sie aussehen müßten, wenn sie nicht von ihrer heutigen kilometerdicken Eisschicht bedeckt wären.

Auf anderen Karten ist zu sehen, daß der Kontinent Antarktika aus zwei getrennten Landmassen besteht. Erst allerneueste technische Hilfsmittel erlauben uns zu bestätigen, daß die alten Kartographen recht hatten, was diesen Punkt und auch die detaillierte Darstellung dieser noch wenig erforschten Region angeht.

Andere Kartenwerke, die ungefähr gleichzeitig mit der Piri-Reis-Karte entstanden sind – zum Beispiel die Oronthius-Finaeus-Karte von 1531, die Gerardus-Mercator-Karte von 1538 und die Ptolemaeus-Basilia-Karte von 1540 –, verraten eine gewisse Vertrautheit mit den (eisfreien) Konturen Antarktikas.

Wir wissen, daß Gletschereis sich ausbreitet und wieder zurückzieht und daß die heutigen Polargebiete nicht immer eisbedeckt waren. Doch wenn wir uns den Standpunkt der Uniformitarier zu eigen machen, also jener Geologen, die von einer uniformen, gleichförmigen Entwicklung ausgehen, dann lag die Antarktis ungezählte Jahrtausende lang unter einer Eisdecke, bevor der Mensch die ersten primitiven Karten zeichnete, geschweige denn in die entlegensten Winkel unseres Planeten vorstieß.

Nur wenn wir uns der Auffassung der Katastrophentheoretiker anschließen, daß in einer sehr jungen geologischen Periode im Bereich der heutigen Südpolarregion ein völlig anderes Klima herrschte, gelangen wir zu einer rationalen Erklärung für die Existenz dieser alten Karten.

Charles Hapgood schreibt in seinem Buch *Maps of the Ancient Sea Kings*: »Die alten Kartenwerke scheinen den Schluß nahezulegen, daß in grauer Vorzeit, vor dem Aufstieg aller uns bekannten Kulturen, bereits eine echte Zivilisation eines vergleichsweise hochentwickelten Typs existierte ... Diese Kultur war möglicherweise zumindest in einigen Bereichen weiter fortgeschritten als die Hochkulturen Ägyptens, Babyloniens, Griechenlands und Roms. In der Astronomie, Nautik, Kartographie und vielleicht auch im Schiffsbau hatte sie womöglich einen höheren Stand erreicht als alle Kulturstufen vor dem 18. Jahrhundert christlicher Zeitrechnung.«

Eine Zivilisation von so hohem wissenschaftlichen und technischen Niveau, daß sie erst in den beiden letzten Jahrhunderten eingeholt oder überholt werden konnte, könnte sehr wohl lange vor den ersten historischen Zeugnissen, die uns heute zugänglich sind, bestanden haben. Eine Naturkatastrophe hat vielleicht alle ihre Spuren vom Angesicht der Erde getilgt, ein Ereignis von so unvorstellbaren Dimensionen, daß eine bis dahin gemäßigte Zone in relativ kurzer Zeit in einen scheinbar ewigen Eismantel gehüllt wurde.

Solche Vorstellungen von einer abrupten Polverschiebung und von Tsunamis, die Städte und ganze Kulturen restlos ausgelöscht haben könnten, müßten eigentlich den etablierten orthodoxen Wissenschaftlern zu denken geben. Denn wie sonst sollen wir uns das Auftreten und die Existenz so vieler Phänomene erklären, die sich der Einordnung in die offiziell anerkannte Rekonstruktion unserer Vergangenheit beharrlich widersetzen?

Die These, daß ein kulturell hochstehendes prähistorisches Volk die Inseln und Küstenränder des Pazifiks bewohnte und bereiste, hat im Laufe der Jahre viele Gelehrte fasziniert. Aber es gibt noch eine andere Theorie, die die Grenzen einer verantwortbaren Wissenschaft erreicht oder gar sprengt – die Theorie von einem verschollenen Kontinent im Pazifik, der entweder als Lemuria oder als Mu bezeichnet wird.

Wissenschaftler haben im 19. Jahrhundert hypothetisch eine große Landmasse angenommen, die den größten Teil des

Indischen Ozeans ausfüllte, um damit die Verteilung bestimmter Lemurenarten (Halbaffen) in Regionen zu erklären, die durch Wasser weit voneinander getrennt sind, etwa Madagaskar und Teile Südasiens. Ein Naturforscher namens Philip L. Sclater prägte für diese hypothetische Landmasse den Namen Lemuria, und dieser Name wurde fortan für einen Erdteil verwendet, der nach Ansicht mancher Fachleute einen wesentlichen Teil des Pazifischen Ozeans eingenommen hat.

Der engagierteste Verfechter eines verschollenen pazifischen Kontinents ist in unserem Jahrhundert Colonel James Churchward. Er behauptet, er habe die Geheimnisse dieses verlorenen Landes durch die Entzifferung der von ihm so genannten Naacal-Tafeln entschleiert, mit denen er sich während seiner Dienstzeit in Indien und auch durch die Legenden der Pazifikbewohner und der amerikanischen Indianer vertraut machte. Er gab dem verschwundenen Kontinent den Namen Mu, mit dem ihn die Hawaiianer bezeichnen. In einer Reihe von Büchern, angefangen mit *The Lost Continent of Mu*, verkündete Churchward, daß Mu die Wiege aller Zivilisation und der wahre Ort des Paradieses war. Nach seiner Auffassung entstand diese erste menschliche Kultur vor rund 80 000 Jahren, und Mu soll von bis zu 64 Millionen Menschen bevölkert gewesen sein. Alle späteren Kulturen haben nach dieser Theorie hier ihren Ausgangspunkt.

Die Welt von Mu ist Churchland zufolge in einer Naturkatastrophe von gewaltigen Ausmaßen vollständig untergegangen. Vor 13 000 Jahren kollabierten riesige gasgefüllte Kavernengürtel tief unter der Erde; der gesamte Kontinent wurde zerstört und mit ihm alle Bewohner bis auf einige wenige, die die Fackel des Wissens und Könnens an die übrige Welt weitergaben.

Obwohl solche eigenwilligen Ideen nach Science-fiction klingen, sollten wir der Frage nachgehen, ob es eine wissenschaftliche Basis für das Verschwinden eines Kontinents mitten im Pazifik gibt.

Ein sehr angesehener Gelehrter namens Thomas Gold, Inhaber des Wetherill-Lehrstuhls für Astronomie an der Cornell-Universität und Direktor des Zentrums für Radiophysik und Weltraumforschung, hat kürzlich seine sogenannte Tiefenerdgas-Hypothese vorgelegt. Seine einschlägigen Aufsätze sind in verschiedenen renommierten wissenschaftlichen Zeitschriften erschienen.

Nach Golds Theorie ist der Hauptanteil der natürlichen Erdgasvorkommen nicht, wie bisher angenommen, ein organisches Zerfallsprodukt, sondern in Höhlen tief im Erdinnern eingeschlossen. Er weist darauf hin, daß Öl- und Gasfelder eindeutig an Regionen gebunden sind, in denen am ehesten Erdbeben auftreten. Die Gaseinschlüsse können durch Erdstöße freigesetzt werden und unter gewissen Umständen sogar eine seismische Umwälzung herbeiführen.

Die Gase befinden sich nach Gold in porösen Gesteinsformationen, die instabil werden, sobald sie eine bestimmte Tiefe erreichen. In dieser kritischen Tiefe brechen die »Poren« an der Unterseite zusammen, und die oben gelegenen stoßen ihr Gas aus. Dies geschieht am wahrscheinlichsten »im Bereich der Krustenverwerfungen und -spalten an den Rändern der tektonischen Platten«.

Man kann auf Churchwards »Gasgürtel« nicht mehr ganz so abschätzig von oben herabsehen, wenn sich eine solche Theorie in der heutigen wissenschaftlichen Welt durchzusetzen beginnt.

Gleichzeitig hat man berechnet, daß zur Errichtung der Stadt Nan Madol im Karolinenarchipel, der Riesenstandbilder auf der Osterinsel, der Bauwerke auf Tinian, Neukaledonien, Malden, Rarotonga und anderen ausgesucht kleinen Pazifikinseln die Bevölkerung einer Landfläche von der dreißigfachen Größe der heutigen Inseln notwendig war.

Die Aussicht, endgültige Antworten auf die Fragen zu finden, die von den Rätseln Ozeaniens aufgeworfen werden, ist jedoch offenbar ziemlich gering. Die wirklichen Antworten, wenn es sie denn gibt, liegen wahrscheinlich auf dem Grunde des Pazifiks oder sind begraben in den tiefen Schlammschichten auf dem Meeresboden.

Eine andere Antwort erwächst aus der tradierten, kollektiven Erinnerung – einer den Bewohnern vieler Pazifikinseln gemeinsamen Erinnerung an längst entschwundene Länder, an verschollene Reiche und an den Bau großer Städte vor dem Absinken des Landes und dem Anstieg des Ozeans infolge einer plötzlichen Katastrophe. Eine Erinnerung an einstige Imperien und Tributzahlungen hat sich so hartnäckig behauptet, daß die Yap-Insulaner früher aus Stein riesige »Tributmünzen« mit einem Durchmesser von anderthalb Metern verfertigten, die für verschollene Inseln bestimmt waren.

Als man den Pazifik in der Neuzeit zu erforschen und zu kolonisieren begann, wurde das Zivilisationsgefälle zwischen den Inselvölkern, denen die Entdecker begegneten, und deren Vorfahren die Städte erbaut und Reiche errichtet hatten, mit großem Interesse vermerkt. Manche Insulaner praktizierten Kannibalismus, der von Verhaltensforschern als ein Rückfall ins Barbarentum betrachtet wird – ein erzwungener Rückfall, der vorkommt, wenn die Menschen ihren Proteinbedarf nicht auf andere Weise decken können. Angesichts der einstmals so hohen Entwicklungsstufe der Inselbewohner kann man ihre heutige Isolation und Rückständigkeit vielleicht besser verstehen, wenn man sie als Folge einer plötzlichen kosmischen Katastrophe begreift.

Entdecker und Händler aus Asien unternahmen gelegentlich Vorstöße in die pazifische Inselwelt, aber sie nahmen sie nicht in Besitz, abgesehen von den Inseln, die dem asiatischen Festland vorgelagert sind. China verfügte in der Ming-Dynastie über große seetüchtige Handels- und Kriegsschunken, stellte aber seine Unternehmungen in der Südsee (Nan Yang) zu Beginn der Ching-Zeit, der letzten Dynastie, ein. Militärische Vorstöße und Annexionen wurden schließlich von Japan durchgeführt, vor allem nach dem Ersten Weltkrieg, als mehrere ehemals deutsche Kolonien, zum Beispiel die Karolinen und die Marquesas, von den Japanern in Besitz genommen wurden. Die japanische Herrschaft währte bis gegen Ende des Zweiten Weltkriegs, als diese Besitzungen amerikanischer Verwaltung unterstellt wurden.

Eine dieser Inseln, Eniwetok, diente 1947 als Versuchsgelände für amerikanische Atombombentests zu Lande und zu Wasser. Die Bewohner wurden auf andere Inseln umgesiedelt und konnten später, 1968, wählen, ob sie in ihre Heimat zurückkehren wollten, wo die Amerikaner jahrelang versucht hatten, die Radioaktivität zu beseitigen. Die Insulaner entschieden sich für die Rückkehr zu ihrer Insel, und als sie dort eintrafen, fanden sie zu ihrer Freude neue Kokospalmen vor, die man für sie angepflanzt hatte. Doch bevor sie sich noch bedanken konnten, wurde ihnen erklärt, sie sollten die Kokosnüsse nicht verzehren, denn die jungen Bäume seien noch immer »verseucht« und vermutlich gefährlich.

12

Atomkrieg – einst und heute

In den Jahren nach dem Zweiten Weltkrieg beschränkten die Vereinigten Staaten ihre Arbeit an Nuklearwaffen weitgehend auf Laborforschung und geistig-moralische Problemlösungen.

Die Frage, ob die Amerikaner die Bombe hätten einsetzen dürfen oder nicht, wurde auf der ganzen Welt heiß diskutiert. Selbst einige jener Wissenschaftler, die die Bombe erfunden hatten, sahen in ihrem Werk nun so etwas wie ein Frankenstein-Monster. Das, was geschaffen worden war, um das Leben von Millionen US-Soldaten zu retten, die bei einer direkten Invasion Japans umgekommen wären, galt nun als die tödlichste Gefahr in der Geschichte der Menschheit.

Doch schon in den fünfziger Jahren setzten die maßgeblichen Wissenschaftler und Militärs ein nukleares Testprogramm ins Werk. Auf dem Inselatoll Eniwetok, das im Pazifikkrieg als Stützpunkt gedient hatte, wurde 1952 die erste Wasserstoffbombe getestet. Ein weiteres Testgelände war das Bikini-Atoll, ein weltabgeschiedenes Eiland, dem ein knappsitzender, zweiteiliger Badeanzug seinen Namen verdankt.

Folgenschwerer, wenn auch weniger öffentlich beachtet als

diese Modeerscheinung, waren die Auswirkungen einer Versuchsatombombe, die am 1. März 1954 auf Bikini gezündet wurde. Die Männer an Bord eines japanischen Fischkutters berichteten, sie hätten im Westen einen hellen weißlich-gelben Lichtblitz gesehen. Ihm folgte ein geheimnisvoller Aschenregen, der auf das Deck des Schiffs niederging. Obwohl sich die Fischer außerhalb der Sperrzone befanden, wurden sie von radioaktivem Staub eingehüllt. Und als sie ihre Fahrt in Richtung Westen fortsetzten, wurden sie immer müder, und einige litten unter gelblichen Augenausscheidungen. Alle 24 Besatzungsmitglieder erkrankten schwer infolge der Strahlenvergiftung, und eines starb sogar.

Um die Mitte der sechziger Jahre waren die USA nicht mehr die einzige Atommacht. Die Franzosen führten ihre Atomtests ebenfalls im Pazifik durch, auf der Insel Mururoa. Und die Briten erprobten 10-Kilotonnen-Bomben im australischen Hinterland. Natürlich hatte inzwischen auch die Sowjetunion eine eigene Atombombe entwickelt. Die Folgen dieser oberirdischen Tests waren eindrucksvoll – und erschreckend. Nach einer Testreihe verfärbte sich der Himmel über den Hawaii-Inseln zuerst rosa, dann grün und schließlich blutrot.

Die Weltmeinung wandte sich gegen Atomversuche in der Atmosphäre, deren Fallout die Luft und das Meer zu verseuchen drohte. Daraufhin kamen die USA und die UdSSR im Rahmen des Teststoppabkommens von 1963 überein, ihre Atombombenversuche unter die Erde zu verlegen.

Die ersten unterirdischen Tests der Vereinigten Staaten wurden in Nevada durchgeführt, aber die Explosionen lösten erdbebenartige Erschütterungen aus, die noch in Las Vegas und Umgebung die Häuser erzittern ließen.

Die Regierung mußte ein Testgelände ausfindig machen, das noch entlegener war als die Wüsten von New Mexico und Nevada. Sie fand es in der öden Wildnis Alaskas, auf der

Insel Amchitka, einem 120 Kilometer langen kahlen Fels-splitter in der Aleutenkette. Die USA hatten die Insel während des Zweiten Weltkriegs als Aufmarschbasis gegen die japanische Invasion von Attu und Kiska genutzt. Nach dem Krieg hatte sich die Regierung kaum Gedanken über das Gebiet gemacht, bis sie für ihre unterirdischen Tests ein unbewohntes Fleckchen Erde benötigte. Amchitka schien sich dafür ideal zu eignen, und so zündete man hier 1969 eine erste kleine Testbombe mit dem Codenamen Milrow.

Als die amerikanische Atomic Energy Commission (AEC) beschloß, im Jahre 1971 größere Atombombenversuche auf Amchitka zu veranstalten, erhob sich unverhofft ein Sturm des Protests, angefacht durch die Bewohner des Bundesstaats Alaska und deren Repräsentanten. Amchitka liegt nämlich im »Feuerring«, dem Gürtel von Erdbebenzonen, der den Pazifik umgibt. Die Alaskaner hatten einen besonderen Grund, auf der Hut zu sein, denn erst 1964 war ihre Heimat von dem schwersten Beben der Geschichte heimgesucht worden. Eine Atomexplosion in einer seismisch so instabilen Region konnte neue Erschütterungen auslösen und sogar eine noch schlimmere Katastrophe einleiten.

Obgleich das Weiße Haus zugab, daß hier ein ernstes Problem entstehen könnte, versicherten die Experten, eine wirkliche Gefahr sei nicht zu befürchten. Die AEC-Ingenieure waren überzeugt, sie hätten für alle Eventualitäten vorgesorgt. Nach dem Milrow-Test hatten die Wissenschaftler, die das Gelände inspizierten, lediglich eine Versetzung des Bodens um etwa zehn Zentimeter festgestellt. Die Planung für die Erprobung der größeren Bombe gingen weiter. Es war eine 5-Megatonnen-Bombe, die den Namen Cannikin erhielt.

Cannikin sollte nur 5875 Fuß (ca. 1750 Meter) unter der Erdoberfläche detonieren. Der Bohrmeißel hatte einen Durchmesser von 25 Zentimetern, war also erheblich größer als die 15-Zentimeter-Meißel, die beim Bohren nach Erdöl verwendet werden. Der Bohrer holte aus dem Herzen der Insel Amchitka mehr als 200 Tonnen Erde und Gestein hervor. Die Sprengkraft von Cannikin entsprach etwa 5 Milliarden Kilogramm TNT, betrug also mindestens das 250fache der Energie, die auf Hiroshima niedergegangen war. Durch die Explosion würde sich die Oberfläche der Insel stärker erhitzen als die Oberfläche der Sonne.

Als Kanada und Japan von dem geplanten Test erfuhren, legten sie formellen Protest ein. Ihre Küsten seien von einem Tsunami bedroht, falls der Versuch schiefgehen sollte. Peru und Schweden beschwerten sich ebenfalls, und 35 US-Senatoren ersuchten die Nixon-Administration, den Test abzublasen. Es half nichts. Die amerikanische Regierung, die AEC und der Umweltrat versicherten der Öffentlichkeit, man brauche sich keine Sorgen zu machen.

Am 6. November 1971 explodierte die Bombe. Es gab zwar keine Erdbeben und keine Flutwellen – aber welche Auswirkungen hatte die Explosion auf die geologische Struktur der betroffenen Region?

Manche Leute meinen vielleicht, die Wissenschaftler hatten recht und die Menschen nichts zu befürchten. Alle Fakten und Daten seien berücksichtigt worden, und die freigesetzte Kernenergie habe weit unter der Toleranzschwelle der Erde gelegen.

Ein Erdbeben im iranischen Tablas, das sich 1978 ereignete, scheint jedoch all diese beruhigenden Berechnungen in Frage zu stellen. Damals starben 25 000 Menschen bei einem ungewöhnlich seichten Beben – nur 36 Stunden nach einem unterirdischen Atomtest der Sowjetunion im südlichen Sibirien. Im übrigen denken die Wissenschaftler von heute nur an die letzten 44 Jahre, wenn es um die nuklearen Aktivitäten des Menschen geht. Allerdings glaubten schon einige Atombombenpioniere, sie seien nicht die ersten, die die Kräfte des Atoms entfesselt hätten.

Robert Oppenheimer, der Vater der Bombe, kannte sich zudem in den alten Sanskritschriften aus. Als die Trinity-Bombe getestet wurde, hörte man von ihm ein Zitat aus dem *Mahabharata*, dem vor rund zwei Jahrtausenden entstandenen Nationalepos der Hindus:

> Wenn die Strahlkraft von tausend Sonnen
> Auf einmal am Himmel verbrennen sollte,
> Das wäre wie der Glanz des Allgewaltigen ...
> Ich bin zum Tod geworden – zum Zerstörer von Welten.

In einer Diskussionsrunde mit einer Studentengruppe wurde Oppenheimer 1952 gefragt, ob die Trinity-Bombe die erste gewesen sei. Seine Antwort ist aufschlußreich: »Nun – ja. Jedenfalls in neuerer Zeit.«

Was wäre, wenn die Menschheit, wie Oppenheimer offenbar andeuten wollte, schon einmal vor Jahrtausenden ein Atomzeitalter erlebt hätte?

Einige Wissenschaftler haben sich daraufhin in den alten Schriften vergangener Kulturen umgeschaut, etwa im *Ramayana*, im *Purana* und in anderen Sanskrittexten. Zumal im bereits erwähnten *Mahabharata* wird eine Waffe beschrieben, die den Namen Agneya trug:

> Es war ein einziges Geschoß,
> Geladen mit der ganzen Kraft des Universums.
> Eine weißglühende Säule aus Rauch und Flammen,
> So hell wie zehntausend Sonnen,
> Stieg auf in all ihrem Glanz ...
> Es war eine unbekannte Waffe,
> Ein eiserner Donnerkeil,
> Ein riesiger Todesbote,
> Der in Asche verwandelte
> Das gesamte Geschlecht der Vrishnis und Andhakras ...

Die Leichen waren dermaßen verbrannt,
Daß sie nicht wiederzuerkennen waren.
Die Haare und Nägel fielen ihnen aus;
Tongefäße zerbrachen ohne ersichtlichen Grund,
Und die Vögel verfärbten sich weiß.

In einer anderen alten Schriftensammlung, den tibetischen *Liedern von Dzyan*, wird ein Krieg wie folgt geschildert:

»Der Anführer aller Gelbgesichtigen war traurig, da er die bösen Absichten der Dunkelgesichtigen erkannte. Er entsandte seine Luftfahrzeuge zu all seinen Bruder-Anführern:
Die Herren der Dunkelgesichtigen haben ihre magischen Agneyastra vorbereitet ... Kommt, und setzt die euren ein. Jeder Herr der Glanzgesichtigen soll die Luftfahrzeuge aller Herrn der Dunkelgesichtigen umgarnen, auf daß keines von ihnen entkomme.
... Die Könige erreichten dann in ihren Luftfahrzeugen das sichere Land und gelangten in das Land aus Feuer und Metall ...
Sterne regneten auf das Land der Dunkelgesichtigen herab, während sie schliefen. Die sprechenden Tiere blieben stumm. Die Herren warteten auf Befehle, doch die blieben aus, denn ihre Anführer schliefen.«

Wenn das Sanskritfragment eine Nuklearwaffe beschreibt, könnte es sich dann bei dem tibetischen Bericht um die Darstellung eines nuklearen Präventivangriffs handeln?
In vielen Legenden und Schriften aus aller Welt ist von einem vorzeitlichen Krieg die Rede – einem Krieg, der mit himmelstürmenden Fahrzeugen ausgetragen wurde, von denen ein furchtbarer, neuartiger Tod auf die Feinde herabregnete, einem Krieg mit großen Eisengeschossen, die durch den Him-

mel flogen und Häuser und ganze Völkerschaften vernichteten.

Und was ist mit den Ruinen des pakistanischen Industals? Dort haben Archäologen riesige Areale entdeckt, die großen Städten gleichen, aber in keinem der uns bekannten Dokumente erwähnt werden. Überreste dieser Kultur finden sich vielleicht auch auf der Osterinsel im pazifischen Raum. Die Bewohner dieser Städte gelten als die Vorfahren der Drawida in Indien – eines »dunkelgesichtigen« Volkes.

Rings um das Areal hat man verstreute Skelette von Menschen ausgegraben, deren Körperhaltungen denen der Leichen von Pompeji ähnelten, so als habe der Tod sie jäh und ohne Aussicht auf Entkommen überrascht. Doch nichts deutet hier auf einen Vulkanausbruch hin, und die Skelette weisen Strahlenwerte auf, die denen von Hiroshima und Nagasaki vergleichbar sind. Andere Funde lassen darauf schließen, daß die Städte ungefähr gleichzeitig zerstört worden sind.

Eine weitere Fundstätte liegt im südlichen Irak, im Tal des Euphrat. 1947 gruben Archäologen hier einen Schacht, der durch mehrere alte Kulturschichten hinabführte. Sie stießen auf babylonische, chaldäische, sumerische und mehrere primitive Kulturstufen, die rund 8000 Jahre zurückreichen. Ganz unten trafen sie auf eine Schicht, die wie geschmolzenes Glas aussah. Erst später stellte sich heraus, daß die einzige ähnliche Oberflächenstruktur in Los Alamos zu finden war – genau dort, wo die Atomexplosion des Manhattan Project stattgefunden hatte.

Seither wurden noch weitere Stätten dieser Art in der ganzen Welt entdeckt und untersucht. Waren dies einfach Orte, an denen sich extreme Naturvorgänge abgespielt hatten, oder hat die Erde bereits ein nukleares Zeitalter – und eine nukleare Katastrophe – durchgemacht?

Wenn dem so war, was für Veränderungen und Umwälzungen wurden dadurch bewirkt? Haben andere Völker, zumal im pazifischen Raum, miterlebt, wie ein Atomkrieg eine Zivilisation von unserem Planeten tilgte? Haben jene Explosionen Erdbeben ausgelöst, die sogar die Topographie dieser Region umgestaltete?

Da wir die Zerstörungskraft einer Atombombe kennen, können wir uns unschwer eine Welt vorstellen, die sich auf drastische Weise veränderte. Ganze Landmassen müssen sich dabei verschoben haben, Berge wurden eingeebnet, Vulkaninseln versanken im Meer, und der »Unterbau« der Erde zerbrach. Hinterher fanden sich die Überlebenden auf einer völlig neuen Welt wieder, die sie bewältigen und erkunden – und fürchten – mußten.

Und wie verhält es sich mit den Auswirkungen der Strahlung auf die Magnetpole der Erde? Oder auf die Tierwelt? Welche Arten sind wohl vom Erdboden verschwunden? Und welche neue Lebensformen haben sich angesichts der Myriaden von Möglichkeiten herausgebildet?

Wenn wir die alten Schriften aus Indien und Ostasien und auch die Zeugnisse der nordamerikanischen Eingeborenenkulturen studieren, müssen wir zugeben, daß so viele ähnlich klingende Zerstörungssagen aus so vielen Kulturbereichen in der Tat ein Anlaß zum Umdenken sind.

Es gibt viele Berichte über Kriegs- und atomar bewaffnete Schiffe, die im Drachendreieck untergegangen sind. Mehrere sowjetische Unterseeboote und mindestens ein amerikanisches Kampfflugzeug, das eine Atombombe an Bord hatte, sind in diesen geheimnisvollen Gewässern verschollen. Vermutlich wurden insgesamt 126 Gefechtsköpfe vom Meer verschlungen.

Könnte es unter Wasser eine Macht geben, die diese Nuklearwaffen hortet? Und tut sie das, um uns vor uns selbst zu schützen oder um einen Gegenschlag vorzubereiten? Existiert vielleicht ein jahrtausendealter Mechanismus, der sich darauf vorbereitet, seinen verhaßten Feind zu verjagen?

Es ist bezeichnend, daß sich der berühmteste Fall eines rätselhaften Verschwindens, das Verschwinden der Staffel 19, auf der anderen Seite des Globus, im Bermudadreieck, ereignet hat – und zwar knapp fünf Monate nach dem Abwurf der ersten Atombombe. Hatte die Explosion etwas aufgeschreckt, das tief in den Fluten des Drachendreiecks ruhte? Etwas, dessen Macht um den halben Erdball reicht und sich in einem anderen Anomaliengebiet offenbarte?

Andere neigen dazu, alle diese Sagen und Berichte und seltsamen Zwischenfälle mit dem UFO-Phänomen in Verbindung zu bringen. Angeblich werden wir ja ständig von einer außerirdischen Lebensform überwacht. Waren diese Wesen die Vorläufer unserer Zivilisation, und haben sie ihren eigenen Untergang herbeigeführt? Oder sind wir Objekte eines schrecklichen Experiments, das sie mit uns anstellen? Wollen sie zuschauen, wie wir immer wieder unsere atomare Macht aufbauen und dann an uns selbst ausprobieren?

Manche fernöstlichen Philosophen verweisen auch auf das Yin-Yang, das den ewigen Kreislauf der Kräfte des Universums symbolisiert. Hat sich die Menschheit möglicherweise in einem unaufhörlichen Zyklus von aufsteigenden und untergehenden Zivilisationen verfangen?

All diese Dinge sind eine Überlegung wert, wenn wir uns Gedanken über die Wirkungen der Atomkraft machen. Und wenn wir uns die vielen Formen der Zerstörung und der Mutation vor Augen halten, die diese Kraft herbeiführen kann, dann müssen wir auch einen Blick auf das Seegebiet des Drachendreiecks werfen und uns fragen, was sich wohl unter seiner Oberfläche verbergen mag. Was hat dieses Etwas mit all den Menschen und all den Kriegsschiffen gemacht? Und wichtiger noch: Was ist mit der tödlichen Fracht geschehen – den nuklearen Gefechtsköpfen, die diese Schiffe an Bord hatten?

13

Tor zur Zukunft – oder zur Vergangenheit?

Sehr viel ist auf der Erde und mit der Menschheit geschehen, ehe die frühen Kulturen vor rund 6000 Jahren damit begannen, ihre Geschichte zu dokumentieren. Der Geschichtsverlauf in diesem Zeitraum von sechs Jahrtausenden war, wie wir wissen, nicht durch einen stetigen Fortschritt gekennzeichnet, sondern vielmehr durch eine Serie von Weiterentwicklungen und Rückschlägen, bis sich in den letzten Jahrhunderten eine technische Zivilisation über die ganze Erde ausbreitete. Obwohl unsere Kommunikationsmittel und unsere Technik gegenwärtig einen höheren Stand erreicht haben als jemals zuvor in der uns bekannten Geschichte, leben wir noch immer in einer Zeit der Unsicherheit und sind bedroht sowohl von Naturkatastrophen als auch von jenen Katastrophen, die wir selbst durch unser weiter anwachsendes Zerstörungspotential verschulden – ein technisches Potential, das weit besser für den Schutz unseres Planeten und dessen Bewohner eingesetzt würde. Wir können heute auf einen 6000jährigen Triumphzug unserer Kultur zurückblicken: Wildbeutertum, der große Sprung zum Ackerbau, die ersten Städte, die Pyramiden und Zikkurats, Griechenland, Rom, das Mittelalter; bis zur heutigen Gipfelhöhe der Zivilisation. Und die 100 000 Jahre der Vorgeschichte?

Unser Bild von diesem »nichtgeschichtlichen« Zeitraum, obzwar 16mal länger als unser kultureller Aufstieg, ist einfach: Die Menschen verbrachten diese Zeit kälteschlotternd in Höhlen, wurden von Säbelzahntigern und Höhlenbären aufgefressen und verspeisten hin und wieder ein Mammut.

Diese schlichten Vorstellungen wurden nicht erst heutzutage in Frage gestellt, sondern auch schon in der Antike, wie Plato in einem fiktiven Gespräch zwischen dem großen athenischen Gesetzgeber Solon und einem ägyptischen Hierophanten zeigt, der den Griechen die Leviten liest:

»Im Geiste seid ihr alle jung; es gibt keine alte Meinung, die euch durch uralte Überlieferung übermittelt worden ist, und auch keine Wissenschaft, die grau vor Alter ist. Und ich will euch den Grund nennen ... viele Heimsuchungen der Menschheit entstanden aus vielerlei Ursachen, hat es gegeben und wird es wieder geben ... somit müßt ihr alle wieder als Kinder anfangen; und ihr wißt nichts von dem, was in alten Zeiten bei uns oder bei euch selbst geschehen ist ... Vor allem erinnert ihr euch nur an eine einzige große Überschwemmung, obwohl es deren viele gegeben hat...«

Geheimnisse sind in unserer Welt etwas, das vom Alltagsleben abgehoben ist, in Grenzregionen abgedrängt wird – in den fernen Weltraum oder in den Bereich des Subatomaren. Geheimnisse sind kein Bestandteil unseres Daseins, und die Worte »wir wissen es nicht« sind beinahe unvorstellbar.

Folglich sind wir nicht gefaßt auf Stürme, in denen Wind und Wellen stabilen Strukturen dermaßen zusetzen, daß beispielsweise eine Eisenleiter zu einer Brezel verdreht wird. Ließen sich solche Stürme nicht genauer vorhersagen? Könnte man ihnen nicht Einhalt gebieten?

Es trifft uns unvorbereitet, wenn die scheinbar solide Erde erbebt und die schönsten Hervorbringungen unserer ach so großartigen Kultur in Schutt und Asche sinken. Das paßt einfach nicht in unser Weltbild. Und die Davongekommenen fragen sich, ob man das nicht hätte vorausberechnen und verhindern können.

An vielen Stellen der Erdoberfläche ticken in diesem Augenblick gefährliche Zeitbomben, und dennoch leben und arbeiten Millionen von Menschen in Gebieten, in denen man jederzeit mit schweren Erdbeben rechnen muß – in Tokio mit 30 Millionen Bewohnern der Hauptstadtregion, in Los Angeles, wo 10 Millionen auf und in der Nähe der San-Andreas-Verwerfung leben.

Wir bauen weiterhin unsere technischen Wunderwerke auf einem Untergrund, der plötzlich nachgeben kann. Das Alaska-Erdbeben von 1964 und der mit ihm einhergehende Tsunami zerstörten zur Hälfte die Wohnhäuser in Valdez, machten alle öffentlichen Gebäude unbewohnbar und verwüsteten den gesamten Küstenbezirk. Doch wo baute man die Endstation der Alaska-Pipeline? In Valdez!

Vielleicht kommt einmal der Tag, an dem man den Unfall des Exxon-Tankers, der 1989 die Gewässer und Strände Alaskas mit Öl verseuchte, als unbedeutenden Zwischenfall ansieht im Vergleich zu einer erdbebenbedingten Ölkatastrophe. Und die Folgen, die eine solche Katastrophe für die Energieversorgung haben dürfte, wird jeder Amerikaner zu spüren bekommen. Können wir die Stärke und den Ort des bevorstehenden Bebens vorherbestimmen? Erfahren wir, wann es soweit ist?

Schier unvorstellbar ist für uns die Gewalt einer seismischen Wasserwelle, die eine niedrige Insel überrollt und Häuser, Menschen und sogar die Vegetation so mühelos hinwegfegt, wie wir den Staub von einer Tischplatte wischen. Unsere Wissenschaft ist inzwischen immerhin so weit, daß sie vor Tsunamis warnen kann, sobald sie entdeckt worden sind (das heißt, nachdem sie schon einmal zugeschlagen haben). Doch nach der Warnung haben wir nur eine Wahl: uns schleunigst in höher gelegenes Terrain zurückzuziehen – und der Natur ihren Lauf zu lassen.

Angesichts solcher Naturkatastrophen erscheint unsere hochgerühmte Wissenschaft klein. Und trotz ihrer theoretischen Aussagen über die Ursachen dieser und anderer Kataklysmen haben die Wissenschaftler auf den Ausgang der Katastrophen ebensowenig Einfluß wie die Priester und Schamanen, die sie dem Wirken von Göttern, Dämonen oder Drachen zuschrieben.

Wird die Tragödie auch nur im geringsten begreiflicher, wenn wir sagen, ein Flugzeug sei von einem Wirbel in einem unsichtbaren Luftstrom, der mit 300 Stundenkilometern dahinfegte, zerschmettert worden, als wenn es heißt, ein wütender Gott habe es vom Himmel hinabgeschleudert?

Eine Begegnung mit derartigen Naturphänomen müßte ausreichen, die Grundfesten des Glaubens an eine logische, wohlgeordnete Welt zu erschüttern, in der wir nach orthodoxer Lehrmeinung angeblich leben. Und was sollen wir erst von einer Weltgegend halten, in der all diese Naturkatastrophen an der Tagesordnung sind und in der obendrein Anomalien auftreten, die den Naturgesetzen zu spotten scheinen? Wie erklärt man sich eine dreiecksförmige Region auf der Erdoberfläche, wo die besten Schöpfungen unserer Schiffs- und Flugzeugtechnologie sich einfach in Luft auflösen?

Bevor wir die Vorstellung verwerfen, daß solche Dinge in der Natur tatsächlich vorkommen, wollen wir uns ein wenig mit dem Phänomen der »schwarzen Löcher« befassen. Die als gegeben angenommenen, aber noch nie beobachteten schwarzen Löcher sind möglicherweise die Tore zu Universen jenseits unseres eigenen. Solche »Fallgruben« im Weltall wurden erstmals 1916 von dem deutschen Astronomen Karl Schwarzschild postuliert. Schwarzschild behauptete die Existenz einer Masse von solcher Dichte, daß nichts, nicht einmal das Licht, ihrem Gravitationsfeld entrinnen könne.

Alles, was sich in der unmittelbaren Umgebung eines schwarzen Lochs befindet, wird unvermeidlich zu dessen Zentrum hin eingesogen, das die Physiker als eine »Singularität« bezeichnen, als einen Punkt von unendlicher Dichte, wo die Gesetze von Raum und Zeit, wie wir sie kennen, außer Kraft gesetzt sind. Die Stelle, wo es für Energie und Objekte, die von der Singularität angezogen werden, keine Rückkehr mehr gibt, wird »Ereignishorizont« genannt.

Obwohl die Astronomen noch kein schwarzes Loch direkt entdeckt haben, nehmen sie an, daß es entsteht, wenn die Materie von Riesensternen infolge ihrer eigenen Schwere in sich zusammenstürzt. Schwarze Löcher könnte es im Zentrum unserer eigenen Galaxis geben, im »Herzen« von Quasaren (hochaktive, quasistellare Energiequellen) und sogar in manchen Doppelsternsystemen.

Theoretiker wie der Mathematiker Roger Penrose in Cambridge haben einen einzigartigen potentiellen »Verwendungszweck« der schwarzen Löcher formuliert. Ein Astronaut könnte beispielsweise unter den Ereignishorizont eines besonders massiven rotierenden schwarzen Lochs eintauchen und im selben Augenblick in einem völlig anderen Universum oder auch in unserem eigenen, allerdings riesig weit entfernten Universum wieder auftauchen.

Eine dritte Möglichkeit bestünde darin, daß unser wagemutiger Astronaut in ein negatives Universum geraten würde, wo die Natur gleichsam auf dem Kopf steht. Die Schwerkraft erschiene dann zum Beispiel eher als eine Abstoßungs- denn als eine Anziehungskraft.

Ein solches Unternehmen setzt jedoch die Existenz eines Gegenstücks zum schwarzen Loch voraus, nämlich eines »weißen Lochs«, das Materie und Energie aus seiner Singularität und über den Ereignishorizont hinaus »ausspuckt«.

Die Suche nach beiden Supermassenobjekten geht weiter, vor allem nach etwaigen schwarzen Löchern in den Sternhaufen. Einer der wichtigsten Kandidaten ist der Stern Cygnus X-1 im Sternbild Schwan. Die Suche hat eine große praktische Bedeutung, denn wenn die Erde oder das Sonnensystem einem hinreichend großen schwarzen Loch zu nahe käme, könnten sie, zumindest theoretisch, von ihm verschluckt werden, und dabei würde unser Planet vollständig umgeformt, komprimiert und zerstört und vielleicht in einer anderen Gestalt wieder ausgespien werden.

Es erscheint unglaublich, daß die moderne Astronomie nach nur einigen Jahrhunderten der Praxis und Forschung imstande gewesen ist, die Geheimnisse – und die Gefahren – zu ergründen, die in den weit entfernten Sternen schlummern. Aber ist unser kosmisches Wissen wirklich so neu? Auf Tontafeln, die von den Sumerern vor 5000 Jahren beschriftet wurden, finden sich Hinweise auf einen gefährlichen Stern, den sie »Vogeldämon Nergal« nannten. Nergal war der ebenso mächtige wie finstere Herr der Unterwelt. Und der gefährliche »Vogeldämon« stellt sich, wenn man ihn auf den sumerischen Sternkarten lokalisiert, als unser Cygnus X-1 heraus! Bei unserem gegenwärtigen Wissensstand können wir nur einen ersten Erkenntnisschritt tun, um mit Phänomenen wie den magnetischen Anomalien des Drachendreiecks ins reine zu kommen – und unsere Unwissenheit eingestehen. Die Forschung hat gerade erst begonnen, sich mit der magnetischen Komponente tektonischer Aktivitäten zu befassen, also mit den magnetischen Abweichungen, die zuweilen in der Nähe von Vulkanen auftreten, und mit den rätselhaften schwachen und starken Zonen im Magnetfeld der Erde. Zwar machen wir uns alle, die wir einen Taschenkompaß besitzen, den Magnetismus zunutze, aber wir wissen fast nichts über die Kräfte und Potentiale der elektromagnetischen Energie, die unser Planet erzeugt.

Obwohl wir schon seit Jahrhunderten die Wasseroberfläche der Ozeane für unsere Kriegs- und Handelsschiffe nutzen, verfügen wir erst in den letzten drei Generationen über die technischen Mittel zur Erforschung der Meerestiefen. Vorher wurden die Erkundungsexpeditionen in die Tiefe von Männern unternommen, die keine Taucheranzüge hatten und deren Luftvorrat auf ihre Lungenkapazität beschränkt war.

Heute rühmen wir uns, die Unterwasserlandschaft kartiert zu haben. Aber eine Karte ist etwas anderes als die Landschaft selbst. Wir haben in Wahrheit nur einen winzigen Bruchteil des 361 Millionen Quadratkilometer großen Meeresbodens erforscht. Kennen wir wirklich alle Bewohner dieser Tiefen? Die neuere Geschichte hat die orthodoxe Lehrmeinung widerlegt, denn zumindest eine angeblich ausgestorbene Tierart haust in der Tiefsee. Wer weiß, welche anderen Lebewesen dort noch entdeckt werden? Wir kennen indes die Reaktion der Orthodoxen. Kein Geringerer als der große Naturforscher Alexander von Humboldt wurde von seinen Kollegen ausgelacht, als er berichtete, er habe von einem Meerestier einen elektrischen Schlag wie von einer Leydener Flasche bekommen. Heute ist die Existenz des Zitteraals allgemein anerkannt.

Noch einmal: Wer kann vor einer gründlichen Erforschung des Meeresgrundes schon sagen, welche Spuren – oder Artefakte – noch ans Licht kommen werden? Die Meere sind von jeher die Leichenkammern unserer Vergangenheit gewesen, und womöglich sind sie auch die Grabgewölbe der Vorgeschichte. Eines Tages werden Unterwasserarchäologen vielleicht die versunkenen Städte Lemurias aufspüren und sich Gedanken darüber machen, welche Katastrophe ihren Untergang herbeigeführt haben mag. Oder vielleicht lösen wir selbst eine ähnliche Katastrophe aus.

Könnte das Drachendreieck unterseeische Beobachter beherbergen? Wenn keine menschlichen, so doch mechanische, die nach der letzten großen Kulturepoche übriggeblieben sind – einer Epoche, die sich, wenn man den alten Quellen Glauben schenken darf, durch Feuer vom Himmel selbst ein Ende bereitet hat? Hat unsere militärische Nutzung des Atoms längst entschlafene, längst verschollene Streitkräfte eines jahrtausendealten Krieges wieder auf den Plan gerufen? Eines Krieges, den beide Seiten verloren, indem sie sich buchstäblich in die Steinzeit bombten?

Gibt es irgendwelche Anhaltspunkte dafür, daß ein solcher Krieg stattgefunden hat? Bekanntlich ist man im Irak, in den Sowjetrepubliken an der Grenze zum Iran, in Pakistan und in Westchina auf Grabungsschichten gestoßen, die eine verblüffende Ähnlichkeit mit dem »grünen Schmelzglasboden« haben, den der erste Atombombentest von 1945 hinterlassen hat. Und die Skelette in den Ruinen der geheimnisvollen Städte Mohenjo-Daro und Harappa im heutigen Pakistan weisen einen hohen Gehalt an Radioaktivität auf.

Legenden aus verschiedenen Kulturkreisen berichten sehr anschaulich von einem Ereignis, das man als einen atomaren Konflikt bezeichnen könnte, der vor Jahrtausenden stattfand und die Welt in Trümmer legte. Die Folge war offensichtlich ein Rückfall in den Primitivismus, eine Kulturstufe, zu der vielleicht viele Überlebende auf den Pazifikinseln Zuflucht genommen haben. Die Eingeborenen dieser Inseln, die neben den Ruinen von gewaltigen Bauwerken geheimnisvollen Ursprungs leben, erzählen noch heute Legenden und Sagen von ausgedehnten Landstrichen unter dem Meer, deren Absinken durch kriegerische Auseinandersetzungen zwischen den Göttern verursacht worden sei.

Die Überlebenden eines solchen Krieges erholten sich allmählich wieder, und die Zivilisation nahm einen neuen Anlauf auf dem Weg nach oben, um schließlich abermals in ein Dilemma zu geraten, denn heute ist sie wiederum bedroht durch einen Atomkrieg.

Berichte über »atomare« Kriege vor Jahrzehntausenden sind enthalten in den altindischen Epen *Mahabharata* und *Ramayana*. Die Übersetzer und Leser sahen darin die üblichen Übertreibungen, wie sie für die Darstellung mythischer Götterkriege typisch waren. Man hielt sie bis 1945 verständlicherweise für bloße Erfindungen; erst dann fiel den Philologen und Naturwissenschaftlern die verblüffende Übereinstimmung der hier beschriebenen Waffen, ihrer Größe, Form und Wirkung, mit der real existierenden Atombombe auf.

Auch wenn wir vielleicht keine Angst vor einem untermeerischen Atomschlag aus einer fernen Vergangenheit haben, so haben wir doch Grund genug, eine solche Gefahr zu fürchten, die ihre Ursache in der Gegenwart hat. Wie wir wissen, sind in den letzten 20 Jahren mehr als 120 nukleare Sprengladungen im Meer versunken, von denen einige möglicherweise geborgen worden sind. Aber noch immer liegen viele Sprengköpfe weitverstreut auf dem Meeresgrund – zu viele, als daß wir ruhig schlafen könnten, zumal wenn wir bedenken, daß dieser Meeresgrund immer wieder von Erdbeben und Vulkanausbrüchen erschüttert wird.

Da die Gefechtsköpfe in Friedenszeiten verlorengingen, ist anzunehmen, daß sie nicht scharf sind. Aber wer kann voraussagen, was passiert, wenn das spaltbare Material in den Strudel eines Vulkanausbruchs gerät? Um eine Redewendung zu benutzen, die uns in bezug auf das Drachendreieck nur allzu geläufig ist: Wir wissen es nicht.

Wir können uns vielleicht mit dem Gedanken trösten, daß Vulkaneruptionen ziemlich seltene Ereignisse sind. Jedoch während dieses Buch in Druck geht, kommt die Kunde von der Entstehung eines neuen Unterwasservulkans vor Ito, südwestlich von Tokio. Ort des Geschehens: das Drachendreieck.

Zwei Erhebungen begannen in einem Seegebiet aufzusteigen,

das bis dahin als eben galt. Der Vorgang, begleitet von tausendfachen Erdstößen, löste den Ausbruch eines Vulkans auf der Insel Kyushu aus. Die Farbe des Meerwassers in der Region veränderte sich. Die Fischereiflotte der Hafenstadt Ito wurde aus Angst vor einem Tsunami evakuiert. Dies war der erste Vulkanausbruch in der Geschichte dieser Gegend, und der Verursacher war ein ganz neuer Vulkan.

Wir können nur froh sein, daß dieser Neuzugang auf der Liste der Vulkane nicht neben dem Wrack eines mit Atomsprengköpfen und Reaktoren bestückten sowjetischen Unterseeboots oder dem des verschollenen amerikanischen Atombombenflugzeugs entstanden ist. Die Vorstellung einer atomaren Explosion in einer Erdbebenzone ist in der Tat erschreckend. Die daraus resultierenden Tsunamiwellen könnten den gesamten Pazifik und dessen Küstengebiete überrollen. In diesem Fall können wir nur hoffen, daß die verschollenen Bomben in den Tiefen des Drachendreiecks auf ewig verschollen bleiben.

Wäre es möglich, daß uns die rätselhaften geophysikalischen Besonderheiten des Dreiecks einen Ausblick ins Grenzenlose eröffnen? Könnte dies ein Eingangstor für Reisende aus dem Unbekannten sein, die es auf ihrem Weg zu einem unbekannten Bestimmungsort einfach passieren? Gehen hier einige wenige unglückliche – oder glückliche – Erdenbewohner unverhofft auf eine Reise, die weit länger ist als geplant?

Die Irritation bleibt bestehen: Fremdartige Lichter und fremdartige Fahrzeuge werden in dieser Region beobachtet, Seeleute und Flieger verschwinden, wie vom Erdboden verschluckt. Führte ihr Weg in ein Versuchslaboratorium, in die Vernichtung, in die Sklaverei oder in einen galaktischen Zoo? Sind sie in anderen Welten gelandet? In Welten voller Wunderdinge, die alles übertreffen, was uns in unserer so behaglichen wie gefährlichen Welt vertraut ist?

Die Lösung der sozialen, ökonomischen und geopolitischen

Probleme auf unserer Erde ist ein Schritt vorwärts zur Erkundung unseres Sonnensystems und des Universums. Wir verfügen über die Atomkraft, doch wir können, wie in der Erzählung aus Tausendundeiner Nacht, den Teufel nicht wieder in die Flasche zurückbefördern. Wir müssen lernen, diese Kraft für positive Zwecke zu nutzen.

In einer geeinten und friedlichen Welt können wir diese kosmische Macht für Werke des Friedens und der Forschung einsetzen. Gemeinsam können wir die Suche aufnehmen nach anderen Welten und anderen Zivilisationen, die auf Planeten inmitten und jenseits der Sterne existieren.

Danksagung

Der Autor möchte all denen seinen Dank aussprechen, die Informationen, Gutachten, Fotos oder Dokumente beigesteuert haben. Die Erwähnung von Personen oder Organisationen bedeutet jedoch nicht, daß sie die in diesem Buch dargelegten Erklärungen oder Theorien kennen oder billigen, sofern sie ihnen nicht speziell zugeschrieben werden.

Besonderen Dank schuldet der Autor den folgenden Personen: Valerie Seary-Berlitz, Redakteurin, Forscherin und Autorin; Mayumi Ogasawara Simms, Forscherin, Kalligraphin und Schriftstellerin; Kenzo Ogasawara, Geologe, Kernphysiker; Richard Gwynn, Autor, Marinehistoriker und Erforscher von Schiffskatastrophen.

Die folgenden Personen und Organisationen, die den Autor großzügig mit Informationen, Bildern und Interviews unterstützt haben, werden in alphabetischer Reihenfolge angeführt: Lin Berlitz, Taucherin, Forscherin; Jay Egloff, Ozeanograph, Geologe (Naval Oceanographic Research Development Organization); David Fasold, Autor, Forscher, Kapitän; Howard Hull, Kapitän der US-Handelsmarine und Sonderassistent des Präsidenten, Maritime Union; Takao

Ikeda, Forscher, Schriftsteller; Jane's Information Group, USA, UK; Japan Space Phenomena Society (J.S.P.S.); J.S.R.A., The Shipbuilding Research Association of Japan; Ramona Kashe, Leiterin der Recherchen für Charles Berlitz in Washington; Kyodo News Service; Caroline Lewis, Rechercheurin (japanische Sprache); Dr. Talbot Lindstrom, ehemals Deputy Under Secretary of Defense, USA; Lloyd's Maritime Information Service, UK; Robert Loughman (Jane's); Robert McCann, Fotograf; R. Misumida, Präsident der Nikkai Marine Co., Ltd., Tokio; National Maritime Museum, Greenwich, London; Ivan T. Sanderson, Schriftsteller, Forschungsreisender, Zoologe, Begründer der S.I.T.U.; Katie Sears, Rechercheurin (chinesische Sprache); Shin-ichiro Namaki, Präsident der J.S.P.S.; The Society for the Investigation of the Unexplained (S.I.T.U.), die ihre Unterlagen und die Vierteljahresschrift *Pursuit* zur Verfügung stellte; Dr. J. Manson Valentine, Schriftsteller, Forscher, Zoologe, Forschungsassistent des Bishop Museum in Honolulu, Curator Honoris des Museum of Science in Miami, Florida; Bob Warth, Präsident der S.I.T.U., Forschungschemiker, Rechercheur, Weltreisender; The World Ship Society, Devon, England.

Ein spezieller Dank gilt dem Cheflektor William Thompson, der Lektorin Catherine Cook und dem literarischen Agenten Bernard Kurman für ihre Unterstützung und ihr Verständnis. Viele Informationen über das Drachendreieck wurden erstmals von Zeitungen in Japan, den Philippinen, Großbritannien, den USA (Westküste), Australien, Neuseeland und Hongkong veröffentlicht, also in den Ländern, die Verluste zu beklagen haben.

Bibliographie

Ashby, Gene: *A Guide to Ponape, An Island Argosy*. Eugene, OR: Rainy Day Press, 1983

Berlitz, Charles: *The Bermuda Triangle*. New York: Doubleday, 1974; dt. *Das Bermuda-Dreieck*. München: Knaur-TB 3500, 1977

—: *Doomsday: 1999 A.D.* Garden City, NY: Doubleday, 1981; dt. *Weltuntergang 1999*. München: Knaur-TB 3703, 1983

—; *Mysteries of Forgotten Worlds*. New York: Doubleday, 1972; dt. *Geheimnisse versunkener Welten*. Bergisch Gladbach: Bastei Lübbe.

—: *World of Strange Phenomena*. New York: Wynwood, 1988

Brown, Hugh Auchincloss: *Cataclysms of the Earth*. New York: Twayne, 1967

Chatelain, Maurice: *La Fin du Monde*. Brüssel: André de Raché Editions, 1982

Childress, David: *Lost Cities of Ancient Lemuria and the Pacific*. Stelle, IL: Adventures Unlimited, 1988

Cooper, Gordon: *Dead Cities and Forgotten Tribes*. New York: Philosophical Library, 1952

Dos Passos, John: *Easter Island.* New York: Doubleday, 1971

Edwards, Frank: *Stranger than Science.* New York: Lyle Stuart, 1956

—: *Strangest of All.* New York: Ace Star, 1962

Flemming, Nicholas: *Cities in the Sea.* New York: New English Library, 1971

Gaddis, Vincent: *Invisible Horizons.* New York: World Horizons, 1965

Godwin, John: *Unsolved: The World of the Unknown.* Garden City, NY: Doubleday, 1976

Gwynn, Richard: *Way of the Sea.* Devon, England: Green Books, 1987

Hapgood, Charles: *Maps of the Ancient Sea Kings.* Philadelphia: Chilton, 1966

Heyerdahl, Thor: *Aku-Aku.* New York: Rand-McNally, 1958; dt. *Aku-Aku.* Berlin: Ullstein, 1969

Lissner, Ivar: *The Living Past.* New York: Putnam, 1957

Das *Mahabharata*

Mariani, Fosco: *Meeting with Japan.* New York: Viking, 1959

Pauwels, Louis, und Jacques Bergier: *The Morning of the Magicians.* New York: Avon, 1963

Das *Ramayana.*

Sanderson, Ivan: *Investigating the Unexplained.* Englewood Cliffs: Prentice-Hall, 1972

—: *Invisible Residents.* New York: World Publishing, 1960

Soule, Gardner: *Men Who Dared the Sea.* New York: Crowell, 1976

—: *Surprising Facts About Our World and Beyond.* New York: Putnam, 1976

Steiger, Brad: *Mysteries of Time and Space.* Englewood Cliffs: Prentice-Hall, 1974

Wilson, Colin: *Enigmas and Mysteries.* Garden City, NY: Doubleday, 1976; dt. *Das Okkulte.* Herbstein: März 1982

Charles Berlitz

(3500)

(3561)

(3747)

(4024)

Von Charles Berlitz sind außerdem bei Knaur erschienen:

Johannes
von Buttlar

(3828)

(3889)

(3930)

(3984)

Leonard Cottrell

(3963)

(3968)

(3982)

(3983)

Hoimar von Ditfurth

Foto: Leif Geiges

Hoimar v. Ditfurth
So laßt uns denn ein Apfelbäumchen pflanzen
Es ist soweit

Hoimar v. Ditfurth
Unbegreifliche Realität
Reportagen, Aufsätze, Essays eines Menschen, der das Staunen nicht verlernt hat

Hoimar v. Ditfurth
Zusammenhänge
Gedanken zu einem naturwissenschaftlichen Weltbild

(3852)   (4049)   (4803)

Uhrwerk Universum

Tjeerd H. van Andel
Das neue Bild eines alten Planeten
Die Erkenntnisse der dynamischen Erdwissenschaft

(4086)

JAMES GLEICK
CHAOS
– die Ordnung des Universums

Vorstoß in Grenzbereiche der modernen Physik

(4078)

FREEMAN DYSON
DIE ZWEI URSPRÜNGE DES LEBENS

(3975)

Carl Sagan
UNSER KOSMOS
Eine Reise durch das Weltall
Mit 500 meist farbigen Abbildungen

(4053)

Jeremy Rifkin
Uhrwerk Universum
Die Zeit als Grundkonflikt des Menschen

(4081)

Hans R. Queiser
Nachrichten aus der Eiszeit
Kontroverse naturwissenschaftliche Theorien über die Rätsel der Welt

(3972)

Knaur®

Isaac Asimov

(4838)

(3921)

(3922)